神奈川県に遺る勝海舟の足跡

海舟と横浜

三澤 敏博

Historic sites of Katsu Kaishu in Kanagawa

横浜・浦賀・横須賀・神奈川・戸塚・鎌倉・藤沢・湘南・箱根

日本橋出版

Introduction はじめに

神奈川県に遺る勝海舟の足跡と物語を求めて

神奈川県川崎市の溝口神社（川崎市高津区溝口二丁目二十五・一）には海舟が揮毫した一対の幟が納められている。「一郷咸蒙明神之霊」、「萬家奉祝太平和」と揮毫された巾一・七五メートル、長さ十三・四四メートルの大幟で、明治十九年九月十七日とある。

高津区の自由民権家である林喜楽が海舟を訪ね、揮毫してもらったのだという。溝口神社では社宝であるこの幟を、かつて九月の祭礼日に掲げていたが、現在は複製した幟を例祭と正月に掲げて公開している。

横浜市鶴見区に鎮座する矢向日枝神社（横浜市鶴見

海舟の幟（複製）が九月の例祭と正月に掲げられる溝口神社。（写真提供：溝口神社）

区矢向四丁目十六・二)にもかつて海舟揮毫の幟があったが、残念ながら現存していない。ただし社殿内には海舟の筆による社名額が掲げられている。

各地を歩いていると、このような海舟の俤に、思いがけず出会うことがある。

すでに閉店されてしまったが、かつて葉山で営業されていた中華料理店「海狼」(三浦郡葉山町堀内九九九)にも海舟ゆかりの逸話が伝わっていた。「海狼」の前身は葉山御用邸が造営された明治二十七年(一八九四)に、後藤新平邸宅跡地に創業された旅館「かぎ家」である。「かぎ家」は葉山御用邸の御用聞きとして、御用邸の鍵を預かっていたという。

営業当時、「海狼」の店内には海舟が筆を執った画帳が展示されており「晩年の〝海舟〟勝安芳伯爵し湘南地方を好みしばしば旅館〝かぎや〟に静養のため滞在したが主人の需めに応じて筆をとり日清戦役の事後処理をはじめ、当時の政府官界に対する公憤をこの画帳に揮毫した」との説明書きがあった。

晩年の海舟が葉山まで足を運んだというのは、よく分からなかったが、「海狼」には、そのように伝わっていたそうだ。

矢向日枝神社の本殿に掲げられている海舟揮毫の社名額。

◉

幕末維新を語るにおいて、とくに欠かすことのできない地域が現在の神奈川県である。

開港された横浜をはじめ、黒船来航や咸臨丸出航の地である浦賀、各国領事館が置かれた神奈川に、造船所が設けられた横須賀などなど、幕末維新の重要な舞台であった県内には、海舟の足跡が随所に散りばめられている。

本書では、神奈川県の各地に伝わる海舟の逸話や、海舟が遺した日記・談話から垣間見えたわずかな痕跡を丹念に追いかけ、そこに連なる物語の数々を可能な限り収録した。

執筆にあたっては、前著『江戸東京に遺る勝海舟の足跡』に続き、文筆家の高山みな子氏（勝海舟の玄孫）に様々ご協力を頂き、あとがきまで執筆頂いた。この場を借りて深く御礼申し上げたい。

なお、海舟の幼名及び通称は麟太郎といい、維新後は安芳を名乗ったが、本書においてはすべての時期を「海舟」の呼称に統一した。

令和五年（勝海舟生誕二百周年）　**三澤敏博**

伯爵勝安芳公（著者蔵）

目次

Contents

Historic sites of Katsu Kaishu in Kanagawa

海舟と横浜

神奈川県に遺る海舟の足跡

【其之一】

浦賀

咸臨丸出航の地には、
将軍家茂との想い出が遺る

URAGA

十九世紀に入ると、日本の近海には異国船の来航が急増するようになった。浦賀にはじめて異国船が来航したのは文政元年（一八一八）五月十四日、イギリスの商船ブラザーズ号である。

元来、浦賀奉行所の役目は、江戸に出入りする廻船の積み荷を検査する「海の関」としての仕事が中心であったが、異国船の頻繁な来航により、海防の役割が大きくなっていった。

文政五年（一八二二）にはイギリスの捕鯨船サラセン号が来航。さらに二年後、イギリスの捕鯨船乗組員が常陸国に上陸するという大事件も起こった。幕府は翌文政八年（一八二五）二月に異国船打払令を公布し、これに基づいて天保八年（一八三七）の六月二十八日、浦賀に来航したアメリカのモリソン号が、浦賀奉行により砲撃退却された。

だがアヘン戦争が勃発し、隣の大国・清が敗北したことを知った幕府は、イギリスとの無用な摩擦を避けるべく天保十三年（一八四二）七月に異国船打払令を廃止し、来航した異国船に物資の補給を認める薪水給与令を発した。

その後、浦賀には弘化二年（一八四五）の三月にアメリカ

の捕鯨船マンハッタン号が日本人漂流民を連れて来航した。さらに翌年閏五月は、軍艦二隻を率いたアメリカのビッドル艦隊が来航して日本との通商を求めた。また嘉永二年（一八四九）にもイギリスの軍艦マリーナ号が来航している。

このような状況に、浦賀奉行は海防の強化を幕府に上申した。そして千駄ヶ崎や荒崎、剣崎に台場を築造するなど、その防備に努めた。

そんな中、嘉永六年（一八五三）六月三日にいよいよペリーが来航し、幕末の動乱は幕を開けるのだった。

海舟の渡米

ペリーの来航により、幕府は嘉永七年（一八五四）三月三日に日米和親条約を締結、安政五年（一八五八）六月十九日にはアメリカ領事ハリスの強い要求により日米修好通商条約に調印した。

そして八月、この条約の批准交換のため、アメリカの軍艦にて、幕府使節がワシントンへ派遣されることが決まった。

愛宕山公園から望む現在の浦賀港。

この時、外国奉行の水野忠徳《ただのり》や永井尚志《なおむね》らは使節に加え、「別船」として日本の軍艦を渡米させることを建言した。この建言は一度却下されたが最終的には採用となり、長崎の海軍伝習所へ幹部として派遣されていた海舟の耳にも届くところとなった。

そもそも海舟は早くから海外への留学を熱望しており、幾度も永井らに訴えていた。水野は長崎海軍伝習所を構想・創設した人物であり、またその総監を勤めたのが永井である。両者は海舟の上役で、その交流は深い。

海舟は直ちに水野と永井に手紙を送り、「別船」の乗組員に自身を採用してもらうよう懇願した。

両人は海舟の想いをよく理解し、既にその候補に名前を挙げていることを返信したが、大老・井伊直弼による「安政の大獄」の影響もあって、批准使節の派遣は延期の見込みであった。

そのまま年が明けて安政六年（一八五九）の正月、海舟は長崎での伝習を終え朝陽丸で海路、江戸に帰府した。海外派遣に遅れないよう大嵐の中、危険を冒してまでも、急ぎ戻ったと自身で語っているが、使節派遣の話は翌年に延期となっており、海舟は一月二十八日、軍艦操練所の教授方頭取に任命された。

また当時、外国奉行と神奈川奉行を兼任していた水野からは、松山藩による神奈川台場の設計指導も要

水野忠徳（『日本史蹟大系 第15巻』熊田葦城）

永井尚志（『幕末軍艦咸臨丸』文倉平次郎）

請され、忙しい日々を過ごすこととなった。

そんな中、ようやく渡米の話が動き出したのは十一月のことである。軍艦奉行に昇進した木村喜毅《よしたけ》が将官に、海舟は艦長として、アメリカへの別船派遣が認められた。木村は永井に継いで二代目の長崎海軍伝習所総監を務めており、海舟とは晩年まで交流が続いた。

咸臨丸に変更

海舟が当初、渡米の船として準備していたのは朝陽丸である。朝陽丸は咸臨丸とともに、幕府が最初にオランダに注文した最新のスクリュー艦だ。ところが幕府は、派遣の船を朝陽丸から積載量の大きい外輪船・観光丸に変更した。海舟は大いに不満であったが、諦めるほかなかった。

これより海舟は渡米準備のため、多忙を極めた。乗り組み士官の身分俸禄における待遇不満への対応や、船中での規則を定めた「船中申合書」の制定、朝陽丸から変更された観光丸の整備や荷物の積み換え、物資の調達などなど、忙しくその対応に追われた。

佐久間象山への手紙には「日々右御船御修復並に乗組之者人選、薪水、食料より万事之取調等に相掛り、夜中に相成らず候ては帰宅も仕の申さすせ候程の事にて、当惑仕り候」とあり、その準備に日々、夜中になるまで帰宅もできないと綴っている。

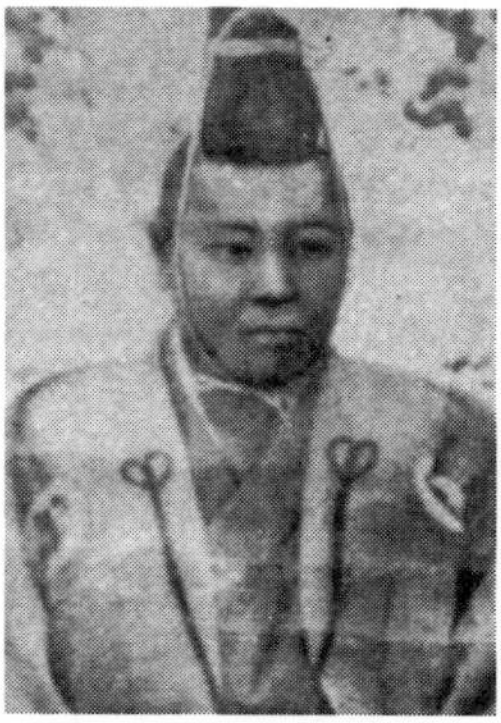

木村喜毅（『万延元年遣米使節図録』田中一貞）

朝陽丸（写真左）と観光丸（写真右）。（『幕末軍艦咸臨丸』文倉平次郎）

そんな中、さらなる問題が発生し、海舟は激怒する。

渡米の船が三度変更となり、咸臨丸が使用されることとなったのだ。この変更はアメリカ人海軍士官・ブルック大尉の提言によるものだった。

ブルック大尉（『万延元年遣米使節図録』田中一貞）

ブルックはこの頃、台風によって自身の船を失い、帰国のための船を探しているところであった。折しも、将官の木村喜毅は渡米にあたって、航海術に長けたアメリカ人士官の同乗を打診しており、そこでブルックがその先導役を買って出たのである。

そのブルックが、海の最も荒れる冬場の航海になるため、スクリュー艦が望ましいと主張したのだ。ただしこの時、かつて海舟が推薦していたスクリュー艦の朝陽丸は長崎に向けて出航中であり、かくして咸臨丸が使用されることとなった。

海舟は三度の変更に激怒し抗議文を提出したが、やはり船は咸臨丸に決まった。既に観光丸に詰め込まれていた積み荷を、再び咸臨丸に移す作業は困難を極め、使役された水夫たちの怒りも相当なものであった。海舟はその対応にも追われた。

出航は安政七年（一八六〇）の正月十三日と決まり、その二日前に海舟が咸臨丸に向かうも、まだまだ荷物は散乱している状況にあった。海舟はこの日より家に帰ることができず、そのまま出航の日を迎えるのだった。

横浜でブルック大尉らを乗船

咸臨丸は十三日の午後一時に品川を出港した。実は海舟は出航の十日程前より風邪腹痛があり熱病を発していたのだが、連日の準備に追われるまま、押して出港した。当時のことを後年、『氷川清話』で次のように語っている。

「ちょうどそのころ、おれは熱病を患って居たけれども、畳の上で犬死をするよりは、同じくなら軍艦の中で死ぬるがましだと思つたから、頭痛でうんうん言って居るをも構わず、かねて通知しておいた出航日も迫つたから、妻にはちょっと品川まで船を見に行くといひ残し

咸臨丸（『幕末軍艦咸臨丸』文倉平次郎 編）

て、向ふ鉢巻で直ぐ咸臨丸へ乗り込んだヨ」

咸臨丸はブルック大尉ほか、米国人水夫ら十一人を乗せるべく横浜に着いた。だが翌十五日は日曜日であったため荷物が積めず、十六日に一同乗船し、水や食料補給のため昼過ぎに浦賀へ向けて出港した。

叶神社で断食

午後五時、浦賀に到着した咸臨丸は当地で三泊し、食料の補給を行ったが、海舟の病は未だ回復しなかった。現在、東叶神社の裏山には「勝海舟断食の地」という碑が建立されている。伝わるところによると、出航に先立ち、海舟は断食修行を決行すべく、東叶神社の井戸で潔斎水垢離を行い、修行用の法衣に着替えて心身を整えたという。そして神社の裏山へ上り、鬱蒼とした樹林に囲まれた奥の院の社前で坐禅を組んで、断食修行に入ったそうだ。東叶神社にはこの時、海舟が着用したと伝わる法衣が遺されている。また当時、神社の者が様子を見に行くと、海舟は独り木刀を振っていたという逸話も語り継がれている。

海舟が東叶神社で断食修行を行ったとすれば、咸臨丸が寄港した十六日からの三日間の間であったと考えられようか。

帰国した咸臨丸と桜田門外の変

食料の補給を済ませた咸臨丸は十九日、アメリカへ向け浦賀を後にした。現在、愛宕山公園には「咸臨丸

東叶神社には海舟が断食修行の際に着用したという法衣が遺されている。

海舟が水垢離に使用した東叶神社の井戸。

東叶神社の裏山には「勝海舟断食の地」を示す碑が建つ。

東叶神社。

海舟に由来した東叶神社のお守り「勝守り」。

出港の碑」が建立されている。

咸臨丸の航海は嵐の連続で、三十八日間の航海中、晴れたのはわずか七日間であった。ただでさえ船に弱い海舟は、出港前の体調不良も重なり、自室に籠もりがちであった。『氷川清話』においては「おれの病気もまた熱のために吐血したこともたび〳〵あつたけど……」と語っている。

また『航米日記』には、出港前より患っていた病が、航海中の嵐により悪化したとあり、この様子を見たブルック大尉も海舟に休むよう勧めたことが綴られている。勧めに応じて床に就いた海舟であるが、その病状はますます悪化し、なかなか起き上がることができなかった。ジョン万次郎らの看病に助けられながら、ようやく粥を二度程食べられるまでに回復したのは、サンフランシスコ入港の二日前のことであった。

海舟を含め、日本人乗り組員の大半は船酔いに苦しめられ、ブルック大尉たちの協力により二月二十六日、何とかサンフランシスコに上陸することができた。

咸臨丸の修理に時間がかかり、サンフランシスコを出港したのは閏三月十九日。帰路は南回りでハワイ島ホノルルを経由して、五月五日に浦賀へ帰着した。

その際のこと。「数日前に井伊大老が桜田門外で殺されたので、水戸人は厳重に取り調べなければなら

愛宕山公園に建つ「咸臨丸出港の碑」。日米修好通商百年記念行事の一環として建立されたものでサンフランシスコの「咸臨丸入港の碑」と向い合う形で建てられている。裏面には咸臨丸乗組員の氏名があり、海舟の名も教授方頭取として刻まれている。

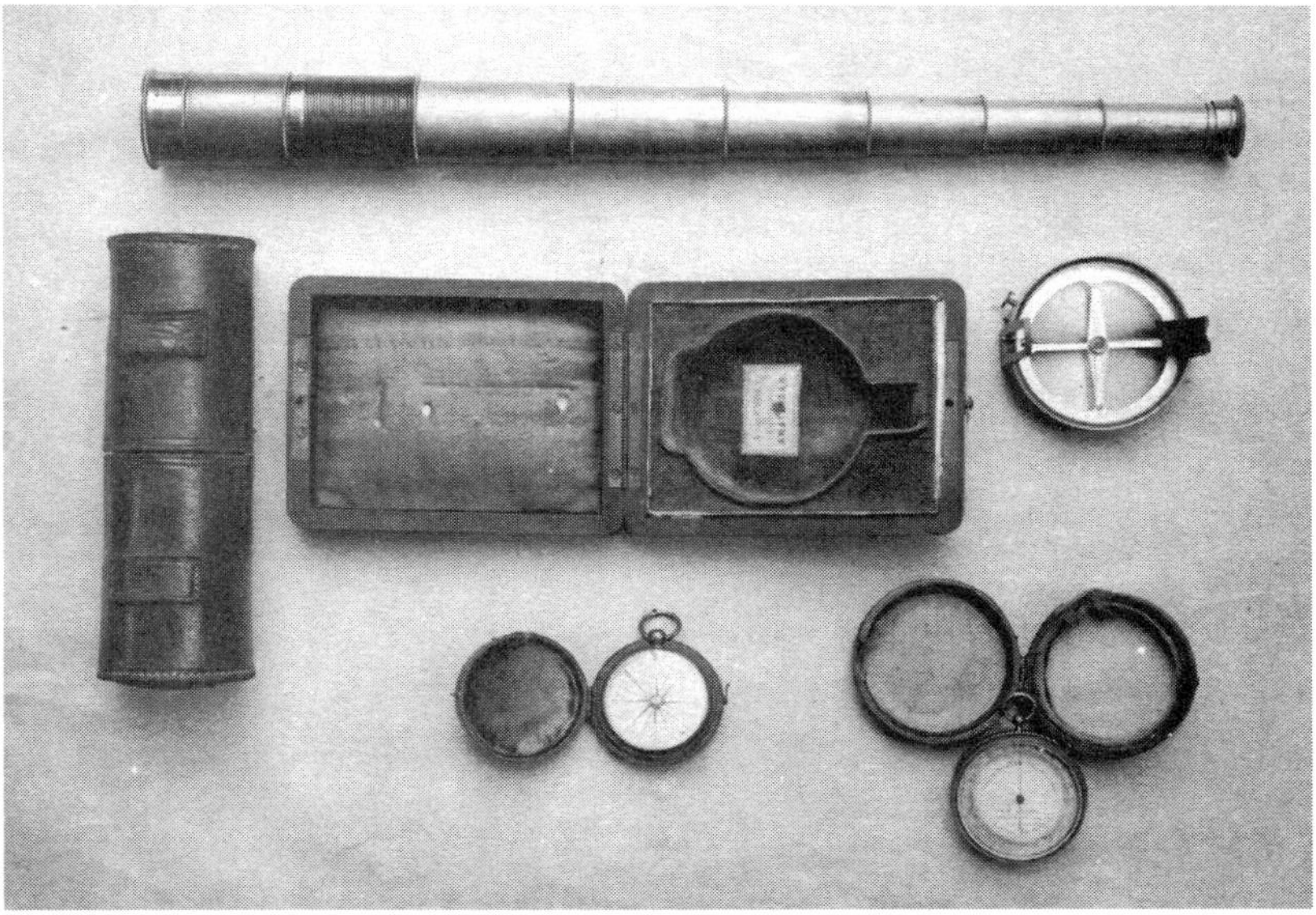

海舟が渡米の際、咸臨丸で使用した航海道具。(『万延元年遣米使節図録』田中一貞 編)

福澤諭吉が入手した咸臨丸短艇の破片で、木村喜毅に贈られたもの。木村の求めに応じ、海舟はこれに「興世浮沈笑海鷗」と揮毫した。(『万延元年遣米使節図録』田中一貞 編)

ぬ」と浦賀奉行の捕吏がぞろぞろと押し寄せたという。この時、はじめて「桜田門外の変」を知った海舟は「アメリカには水戸人は一人もいないから帰れ」と追い返したそうだ。浦賀からは途中横浜に寄り、翌六日に品川へ着いた。こうして一四〇日に及ぶ航海は幕を閉じた。

浦賀船渠《せんきょ》

咸臨丸と浦賀の関係は、海舟の渡米だけではない。浦賀に設けられた造船所で、はじめて修繕されたのが咸臨丸なのである。

嘉永六年のペリー来航により幕府は、海防上の必要から「大船建造の禁」を解禁した。そして翌嘉永七年の五月、浦賀港の奥、長川河口にて、浦賀奉行所与力の中島三郎助を中心に、初めての洋式を模した鳳凰丸が建造された。

やがて安政四年（一八五七）、江戸に軍艦操練所が設けられると、近辺に船の修繕・補修を行う造船所が必要となった。そこで、かつて鳳凰丸を建造した浦賀の造船所に船渠を設置

浦賀奉行所跡。跡地には説明板が設けられている。

浦賀造船所跡。明治九年に廃止となったが、明治三十年、同地に浦賀船渠株式会社が創設され、造船所の歴史が引き継がれる形となった。その後、住友重機械工業株式会社となり、平成十五年に閉鎖。跡地は横須賀市に寄付された。現在、浦賀の西側、浦賀四丁目七番の地には「浦賀造船所」を示す案内板（写真左）が設置されている。また東側、東浦賀一丁目十一番地には「浦賀ドック」を示す説明板（写真右）があり、壁越しに現在の様子を覗うことができる。

するに至り、安政六年（一八五九）一月、はじめて咸臨丸の修理が行われたのである。

その後、小栗忠順《ただまさ》らが慶応元年（一八六五）に横須賀製鉄所を開設したことから、造船の中心は横須賀へ移り、浦賀造船所は明治九年（一八七六）に廃止となった。

蟠竜丸の修復を視察

咸臨丸での渡米から帰国後、海舟は蕃書調所頭取助を経て講武所砲術師範役に就任した。文久二年（一八六二）七月四日には海軍に戻り、軍艦操練所頭取に任命された。

そしてこの年の閏八月、改修中である蟠竜丸の進捗状況を確認するため、海舟は浦賀船渠へ出張している。蟠竜丸はイギリスのビクトリア女王より贈られた軍艦である。

閏八月二十四日の『海舟日記』に「登営　御用部屋にて、春嶽候・和泉殿御逢、浦賀表御修履之蟠龍船之義御尋、且充分世話いたし、浦賀表江時々見廻　速に成就為致へく、これは事機に寄ハヽ、御上洛の御用にも充てられんの議あるか

蟠龍丸献上式の様子。（『幕末・明治・大正回顧八十年史』東洋文化協会）

故、注意して当年中出来いたさすへきとの内命あり」と綴られている通り、蟠竜丸を将軍の上洛に用いる可能性があり、海舟は政事総裁職の松平春嶽と老中・水野忠精より、その修復を早急に世話するよう命ぜられていた。将軍の海路上洛は、海舟も強く主張しているところであった。

海舟は蟠竜丸の修理状況を浦賀造船渠で確認し、出張中は常福寺を宿舎とした。常福寺は浦賀奉行所の御用寺院で、浦賀における本陣として使用されていた。

出張視察の様子を『海舟日記』で見ると、同二十五日「雨大風浦賀江出張、四ツ時乗船、八ツ時着」、二十六日「浦賀止宿、御

水野忠精（『山形県史 巻4』）

松平春嶽（『橋本景岳全集 下』景岳会）

船見分」、二十七日・二十八日・二十九日・九月朔日・二日・三日「共　同所常福寺滞留」、同四日「朝、押送船にて帰府す」と続き、翌五日は登城して、視察の転末を稲葉正巳に報告した。海舟は「重要な点は、上洛に船を用いることにあり、そのためには必ずしも軍艦である必要はなく、蒸気商船でも充分」と主張。そして翌日、横浜まで新しく購入する蒸気船を見に行くこととなった。

かくして海舟は、自身の責任で英国船ジンキーを購入する。ジンキーは後に順動丸と命名された。

十月十三日に横浜でジンキーを受け取った海舟は、三日後の十六日、江戸よりこの船で浦賀へ渡った。軍艦奉行・内田正徳《まさのり》らが同道し、やはり蟠竜丸の視察が目的である。

蟠竜丸がようやく修理を終えたのは十一月の後半で

稲葉正巳と海舟（『大日本名家肖像集』経済雑誌社）

現在の常福寺。海舟が浦賀へ出張した際は、ここを宿舎とした。

文久三年、当地に幕府軍艦のための石炭囲置場が設置された。維新後は浦賀屯営の敷地となり、現在、その跡地には屯営の地を示す説明板が建てられている。

あった。二十七日の夕方、海舟は浦賀へ出張し、翌日も滞留。そして二十九日、無事修理を終えた蟠竜丸に乗船し、品川まで運んだ。

順動丸の寄港地

開国後、江戸湾が幕府海軍の拠点として整備されていくと、浦賀も同様に重要な軍艦の寄港地となった。以後、多くの要人を乗せた船が同地に寄港し、石炭の供給などを受けた。

海舟は将軍上洛に先駆けて文久二年十二月十七日、老中格の小笠原長行を上方へ運ぶべく、順動丸で品川を出帆した。上方では摂海防御に関する調査などに奔走し、翌文久三年（一八六三）の正月十六日夕方、同じく順動丸で品川に帰港した。

松平太郎（『大日本名家肖像集』経済雑誌社）

杉浦梅潭（『橋函館市功労者小伝』函館市）

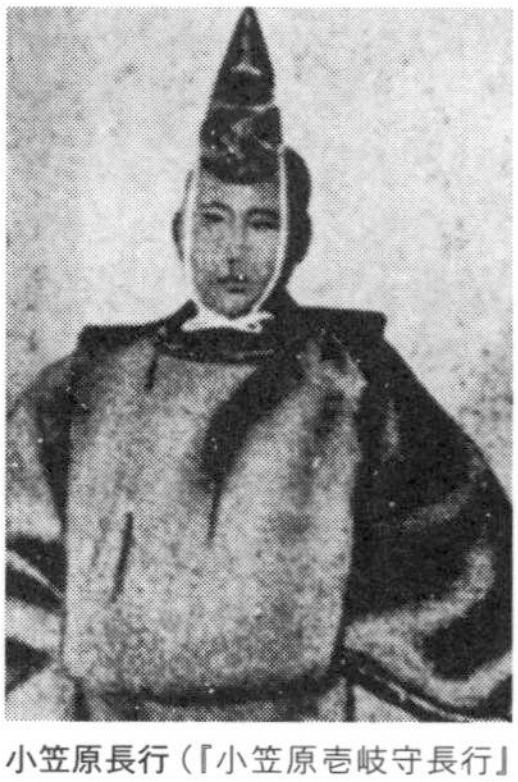

小笠原長行（『小笠原壱岐守長行』小笠原壱岐守長行編纂会）

松本良順（『幕末·明治·大正 回顧八十年史』）

石川桜所
（登米市歴史博物館蔵）

江戸に戻った海舟は翌日、政事総裁職の松平春嶽に会い、今度は春嶽を上方へ運ぶこととなった。海舟が順動丸に乗り込んだのは二十一日のこと。翌日、春嶽ら一行が乗船した。この日、船内では海舟や杉浦正一郎（梅潭）、松平太郎、松本良順、石川桜所が春嶽の部屋に集まり、椅子に座って洋酒肴で談話に花を咲かせた。そして予定通り翌二十三日の朝に出帆し、十時三十四分に浦賀へ寄港した。この日は天候が悪く、波が高いため碇泊となり、春嶽は浦賀に上陸して、台場などを視察した。再び浦賀を出帆したのは翌朝六時五十分であった。

大坂へ上陸したのは二十九日。海舟は連日、春嶽や小笠原長行らと意見を交わしながら、忙しい日々を送っており、風邪も患った。そんな折、将軍上洛が早まったため、急ぎ江戸に戻るようにとの連絡があった。

海舟は二月六日、病を押して大坂を発したが、江戸に戻ってみると生麦事件が影響して、結局将軍の上洛は陸路に変更されていた。海舟の落胆は大きく、十一日の日記に「帰宅、一日平臥、天下之形勢をおもふて、遺恨胸間に満ち憤怨に堪へす、御船行之義も止められ、十三日　御陸行し被　仰出ありしと聞く」とその怒りを綴っている。

酒井忠績《ただしげ》を乗せた順動丸

同年二月二十四日、大坂に砲台を築く任務を受け、海舟は再び順動丸で上方へ移った。

上方では神戸海軍操練所の設置準備をはじめ、将軍家茂や姉公路公知《きんとも》を順動丸に乗せて摂海を巡覧するなど、忙しく動いた。

そして六月十三日、将軍家茂の帰府が海路となり、海舟はこれに伴って順動丸を指揮。将軍とともに江戸へ戻った。

やがて京では「八月十八日の政変」が起き、報告を受けた海舟は直ちに登城すると、老中板倉勝静に「軽装にて将軍が再上洛し、旧弊を改め、幕府が主体となって天下の大道を説くべき」と訴えた。これは採用されなかったが、酒井忠績が上京することとなり、海舟は九月二日、酒井ら一行を順動丸に乗せて、品川を出帆した。ところがこの日、順動丸の機関に故障があり、浦賀にてこれを修復。夜になって出港し、大坂天保山には九日の明け方に入港した。

順動丸を描いた国磨の『海上安全万代寿』。

酒井忠績（『姫路市史 本編 近世2』）

板倉勝静（『幕末名家寫眞集』）

徳川家茂（人見寧則氏蔵）

慶喜の乗る幡龍丸と海舟の乗る順動丸

上方で神戸海軍操練所の設立などに奔走していた海舟に十月二十三日、直ちに江戸へ戻るよう連絡が届いた。二十八日、順動丸で兵庫を発した海舟は、三十日の夕方に浦賀へ入港。この時、浦賀港には一橋慶喜の乗る幡龍丸が碇泊していた。

慶喜はこの二十六日、上京すべく江戸を経ったが、順動丸を御供船にするため、海舟に引き渡しを求めた。一方、海舟には江戸で別の御用があるので帰府せよとの命が下った。海舟は慶喜の乗船準備を整えると、翌月三日に江戸へ戻った。

艦隊を率いての将軍再上洛

文久三年（一八六三）十一月四日、江戸に戻った海舟は登城し将軍の再上洛について強く上申した。海舟は海軍興隆のためにも断固、海路上洛を建言した。『氷川

一橋慶喜（『徳川慶喜公伝 三』渋沢栄一）

現在の陸軍桟橋の前にはかつて浦賀奉行所の船番所が設けられており、ここで出入りする船の荷改めが行われた。家茂は上洛の際、ここより上陸した。海舟が浦賀へ来航した際も、ここを利用したと思われる。現在、当地には船番所跡を示す案内板が設置されているほか、道路を隔てたよこすか浦賀病院前にも案内板（写真右）が設けられている。

清話』では次のように語っている。

「おれは『日本は海国であるから、国防のためには海軍を起さねばならぬ。しかして海軍を起すには将軍などが率先してこれを奨励して下さらなくてはいけない。それゆゑこの度の御上洛も、諸藩の軍艦を従へて、海路より御出発あるがよろしからう』と、老中などに建議した。ところが老中なども、『至極もっともの事ではあるが、諸藩からおの〳〵その船を出させるのがなか〳〵困難だ』と心配するから、『それは私がきつと引受けます。しかしながら一旦私にお任せある以上は、種々些細な事まで貴下がたより御指図があつては困ります』といつたら、『それは承知だからいつさいお前に任せる』といふことになつた」

海舟は自身の発案のように語っているが、諸藩の軍艦を率いた艦隊上洛の計画は、幕府の方から出たものであったらしい。ともあれ、上洛掛を命ぜられた海舟は以後、諸藩との連絡係として連日登城し、その準備に追われた。

十一月二十六日には神奈川へ張し、旗艦となる英国の蒸気船ヤンツー号（揚子江号）を購入した。これが将軍家茂の乗船する翔鶴丸である。

そして十二月二十七日、ついに家茂が翔鶴丸に乗りこみ、海舟も同乗した。この日は品川の海上、船内で一泊し、翌日いよいよ出航となる。翔鶴丸を指揮するのはもちろん海舟である。

かくして翔鶴丸を旗艦とし、越前、薩摩、佐賀、加賀、盛岡、筑前、雲州松江藩の軍艦を引き連れた計十二隻の艦隊上洛がなった。

朝八時に出港した翔鶴丸は、十時半に浦賀に停泊。海舟は甲板より家茂に浦賀の地形を案内した。

この日、家茂は浦賀に上陸し、造船所や館浦台場などを見て歩いた。海舟が同道したのか、日記からは確認できないが、その可能性もあろう。家茂の上陸地は明確となっている。翔鶴丸から御召し船の長《なが》津《つ》呂《ろ》に乗り換え、船番所の前から上陸。奉行所に移り昼食をとった。

夜は家茂から海舟に御紋付きの目貫と小柄、白銀十五枚が下賜されたのみならず、手酌で酒も下された。

『浦賀湊蕃船漂着図』に描かれた船番所。(国立公文書館蔵)　家茂らは船番所から延びる波止場より上陸した。船番所の左手には御船蔵が描かれている。家茂が上陸の際に乗り換えた長津呂丸も、ここに収められていた。船番所の後方左手には浦賀奉行所が確認できる。一行は上陸後、奉行所に移って昼食をとった。

海舟もラッコの毛皮でできた敷物を献上している。

そして翌二十九日、朝七時半に出航。途中、悪天候が続いたため、大坂天保山に入港したのは年が明けた文久四年（一八六四）の正月八日のことであった。

無事、将軍の海路上洛を成功させた海舟は翌日、大阪城に登城し、小袖を拝領した。当時のことを海舟は『氷川清話』において「将軍が多数の軍艦を率ゐて上洛するといふことは、前古未曾有の事で、実に壮観であつたヨ。しかし前古未曾有の事であるだけに、おれの責任は重く、かつは諸藩の船もあることだから、おれは終始檣の上に登つて、艦隊の全部を見渡して居たが、大坂へ着くまで一週間といふものは、殆ど眠らなかつたヨ。」と振り返っている。

再上洛からの帰還

海舟はその後、外国艦隊の下関攻撃を阻止すべく、門下の坂本龍馬らとともに長崎に出張したほか、将軍家茂を鯉魚門（太平丸）に乗船させ、摂海を視察するなど忙しく働いた。

五月十四日には軍艦奉行に昇進し、その翌日、将軍帰府のため、翔鶴丸の指揮が命ぜられた。出航は翌十六日の朝。雨降る中、大坂を出帆し、十九日の朝四ツ時に浦賀へ着いた。

この日も前回同様、長津呂に乗り換えて船番所の前から上陸し、網漁を上覧するなどした。海舟はこの日、船内において反物と銀子五枚、御召の羽織を将軍御手ずから拝領した。

翔鶴丸は翌日出帆し、無事品川に着いた。船中、家茂よりお言葉を頂いた海舟は、その感慨を次のように日記に綴っている。「船中にて御直に万事言上、君上英敏、微臣か輩驚歎すること不少、且御英断凡人之及ふ所にあらす、微臣徳恩を蒙ること他に比する者なし、実ニ千載之一隅、唯以一死期する而巳」。

軍艦奉行として軍艦の検分

この後、海舟をとりまく環境は一変する。池田屋事件に自身の塾生が関与していたことなどが原因し、海舟は元治元年（一八六四）十一月十日に軍艦奉行を罷免されるに至った。やがて慶応二年（一八六六）五月二十八日に再任され同年十二月、本牧に乗り上げた幕府の艦船、長鯨丸の引き出し方を指揮すべく横浜に出張した。十三日には浦賀を訪れ、富士山丸と朝陽丸を検分している。

維新後の海舟と浦賀

幕府が大政を奉還したのはこの翌年十月のことである。十二月には「王政復古の大号令」が発せられ幕府

富士山丸（『幕末軍艦咸臨丸』文倉平次郎編）

愛宕山公園に建つ中島三郎助招魂碑。

中島三郎助（函館市中央図書館蔵）

は廃絶。間もなく戊辰戦争が勃発するが、江戸での戦は海舟と西郷の談判で、無血開城となった。

維新後、海舟は新政府の強い要請を受け、参議兼海軍卿などを務めたが、これには徳川家と新政府を繋ぐ思惑もあった。明治八年（一八七五）に官職を辞してからは野に下り、徳川家及び旧幕臣たちの面倒を見ながら、時に厳しい御意見番として、政府に意見し続けた。

一方、浦賀の町は明治元年（一八六八）に浦賀奉行所が閉鎖となり、明治五年（一八七二）には浦賀で行われていた廻船改めも廃止となった。蒸気船が主流となっていく中で、浦賀港への入港数も減少していったという。

やがて明治二十四年（一八九一）、箱館戦争で戦死した浦賀奉行所与力・中島三郎助の二十三回忌にあたって、愛宕山に招魂碑が建立された。その除幕式の席で、箱館戦争の同志である荒井郁之助が、かつて中島三郎助が鳳凰丸を造船したこの浦賀の地に、造船所を設立することを提唱した。箱館戦争を指揮した榎本武揚は即座にこれに賛成し、かくして幕末、浦賀造船所があった場所に明治三十年（一八九七）、浦賀船渠株式会社が創設された。昭和四十四年（一九六九）には合併して住友重機械工業株式会社となり、多くの船を造船したが平成十五年（二〇〇三）に閉鎖となり、その跡地は令和三年（二〇二一）、横須賀市に寄付された。

海舟と中島三郎助

来航したペリーへの対応や鳳凰丸の造船など、幕末における活躍はもちろん、死後においても浦賀船渠の設立を導いた中島三郎助は、浦賀の町にとって欠かすことのできない存在だといえる。

海舟と中島は長崎海軍伝習所以来の知り合いであった。

安政二年（一八五五）の九月、海舟や中島らは長崎の海軍伝習所へ渡るべく、昇平丸にて品川を出航した。その船内において、海舟と中島の間で何らかの揉め事があったという。船を慎重に進めようとする中島らに対し、海舟が不満を持ったことが原因だと見られている。

かの吉田松陰がこの話を聞いたようで、桂小五郎への手紙で、二人の仲違いについて綴っている。

「勝・中島隙を生ずべきの勢い、浩嘆のことに御座候」、「全体国家の起隆せざるは、みな朋党より起こり申し候。方今墨・魯・暗・払の四患大抵荷に余り候うえ、国威を一振し古朝廷の姿に復せんとするいかにも容易ならぬこと、とくに人材払底の折柄、勝にもせよ島にもせよ、みな得難きの才なるを、両犬相噛み勢い両立たぬ様のことにども、もしか万一相成り候わば、天下のために憎しむべし。二子真に国を憂え真に夷を悪むならば、廉頗・藺相床刎頸の交わりをなせし故事を思い出し、相互に協力戮力、国威を張り慮患を平らげ申すべき事なるが、如何にあるべくや」。夷狄が迫り、ただでさえ人材が必要である時に、得難い才のある二人が喧嘩をしていてどうするのだと歎いているのだ。

ただし、この揉め事がどれだけ尾を引いたのかは分からない。少なくとも後の海舟の日記には「浦賀中島三郎助へ『括要』一部遣わす。」、「中島三郎助、召出されの事、進達。」といった記述も見られ、それなりの交流があったことが伺える。

また渡米する咸臨丸の乗組員に中島が漏れたのは、海舟との仲違いを原因とする説もあるようだが、実は中島には持病の喘息があり、それが人選に漏れた大きな要因であったというのが正しいようだ。

海舟が愛したと伝わる浦賀の鰻

海舟にとって、数々の想い出が残る浦賀の地には、ゆかりの鰻屋が現在でも営業を続けている。明治初年創業の「梅本」だ。

当時「梅本」は海側に店を構えていたが、浦賀ドックの設置により、明治三〇年（一八九七）に現在の地に移った。浦賀を訪れた海舟もこの

海舟も愛したと伝わる老舗うなぎ店「梅本」。当時は海沿いに店を構えていた。

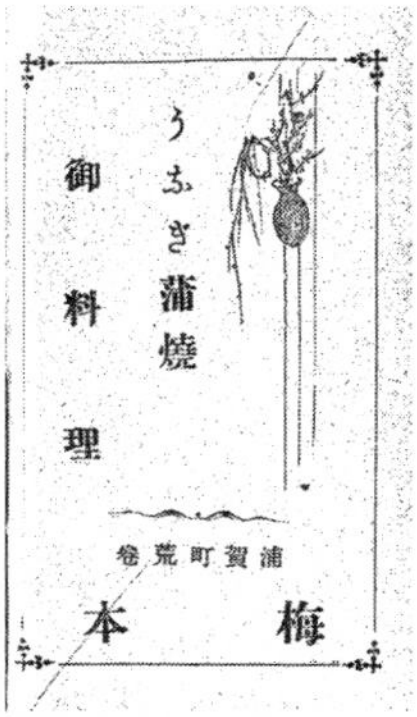

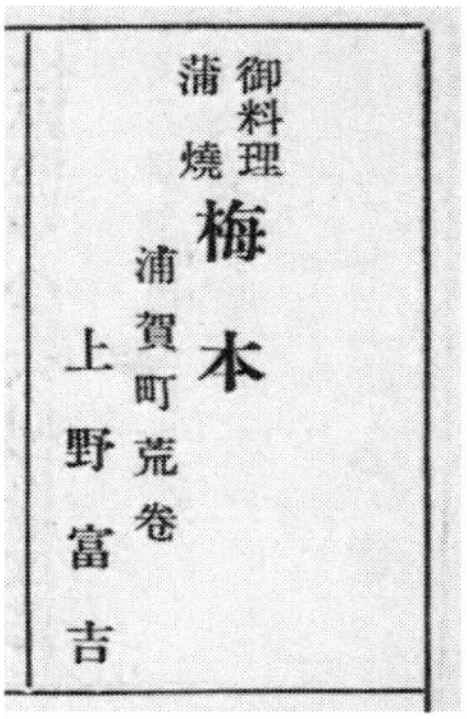

明治四十年五月の『浦賀案内（浦賀実業家同志会）』に掲載された梅本の広告（写真右）と大正四年の『浦賀案内記（信濃屋書店）』に掲載された広告（写真左）。

「梅本」で鰻の蒲焼きを愉しんだと店には伝わる。海舟の鰻好きは有名で、東京の浅草にもジョン万次郎と通った逸話が残る鰻屋「やっこ」が営業を続けている。

「梅本」に立ち寄った海舟は、ふすまに書を認めたりもしたようだが、残念ながら現在は残されていない。ただし海舟も味わった当時のタレが、そのままに伝承されており、伝統の味を追体験することが出来る。

海舟が揮毫した若宮神社の幟

維新後の海舟は揮毫を頼まれることも多く、各地にその石碑や書軸を確認することができる。享禄四年（一五三一）に建立された久比里の鎮守・若宮明神にも海舟が揮毫した大幟が納められている。

海舟に揮毫を依頼した一人の孫が、当時の話を書き残しており、その経緯が明らかとなっている。

明治十七年（一八八四）のこと、若宮明神の祭礼用に大きな幟を作ることが決まり、その揮毫は、昔から浦賀に縁の深い海舟に頼むこととなった。そこで旧浦賀奉行所の関係者を介してお願いし、数名が赤坂の海舟邸に足を運んで、快諾を得たのだという。

用意された紙は、幅三メートル、長さ十八メートルもある西の内紙だ。桶一杯の墨が運ばれると海舟は、特別に作らせた竹箒のような筆に墨をたっぷり含ませ、それを担ぐようにして、筆を走らせた。字が跳ねる箇所などは柔道のように足で筆を蹴飛ばすように書き、一字書く毎に、白足袋を一足ずつ履き替えて揮毫したそうだ。様子を見ていた一同は、神がかった海舟の姿に息を呑み、「鎮守御祭禮」と揮毫された見事な書が完成した。

後日、一同は改めて海舟邸を訪れ、礼金二十円のほか久里浜沖で捕れた鯛やヒラメ、海老などを生きたまま届けて、海舟を喜ばせた。漁船に積み込み、夜通し漕いで運んだという。

そして別れの際、海舟は求めに応じて一同全員に色紙や短冊を認めてやった。残念ながら、これらの書は翌年の大火で焼失してしまい、唯一遺された「虎嘯龍吟」の書額のみが現在、若宮神社の社務所に掲げられている。虎が吠え龍が鳴く、つまり同じ考えや心をもった者は、互いに気持ちや考えが通じ合うという意味だ。

一方、幟の揮毫は見事に染め上げられ、例祭日に掲げられた。ところが終戦直後の混乱の中で盗難に遭い、現

海舟の揮毫が染め上げられた大幟。終戦の混乱の中で盗難に遭い、引き裂かれた状態となっている。

大幟を揮毫した際、海舟が記念に認めた「厞嘯龍吟」の書額。

在は引き裂かれた無残な状態となっている。

海舟が揮毫したのは幟にある通り、明治十七年（一八九四）八月のことである。同年の『海舟日記』を見ると、四月二十五日の項に「浦賀在人三員、山本金二郎悴、同道、書頼む」とある。続いて五日後の三十日には「山本宜喚、浦賀人三人、幟認め遣わし候礼」と、揮毫のお礼に浦賀から三人が海舟邸を訪ねたことが記されている。日付の違いが気になるが、おそらくこれが若宮神社の幟ではないだろうか。

二十五日にある山本金二（次）郎の悴と三十日に訪れた山本宜喚は同一人物であろう。山本金次郎は浦賀奉行所の同心で、長崎の海軍伝習所へ派遣された人物だ。海舟との付き合いは古く、咸臨丸での渡米にも機

山本宜喚
（『郁文館五十年史』）

山本金次郎（『幕末軍艦咸臨丸』文倉平次郎編）

関長次席格として参加している。とくに数学に優れた人物であったが元治元年（一八六四）に病没した。

金二郎には二人の息子があり、長男が『海舟日記』に出てくる宜喚である。後に郁文館中學校長を務めるなど教育者として活躍した。ちなみに次男の安次郎は父の志を継ぎ、日露戦争の連合艦隊機関長などを務めている。

若宮神社に伝わる「旧浦賀奉行所の関係者を介して」という話は、まさに山本金次郎の長男・山本宜喚であったと思われる。

また若宮神社には幟制作に要した費用の詳細な記録が残されており、当時の揮毫をめぐる状況を窺うことができる。

揮毫に関する費用は計、四十四円七十五銭。当時、米一俵の値段が二円である。内訳は、海舟へのお礼が二十円、墨代五円、用紙代三円、海舟への仲介御礼三円九十五銭、海舟邸への往復三回における諸経費十二円八十銭。この他、幟への染め上げ費や雑費、さらには幟棹の制作費に祝儀を含め、製作にかかった総合計は三百三十六円三十九銭となっている。

『海舟日記』等に見る主な海舟の浦賀訪問記録

安政七年	正月十六日	咸臨丸での渡米において、食糧補給のため来訪。三泊する。
	五月五日	アメリカより浦賀へ帰着。
文久二年	閏八月二十五日	蟠竜丸の改修状況を確認するため浦賀造船所へ出張。常福寺を宿舎とし、翌月四日に帰府。
	十月十六日	順動丸にて軍艦奉行の内田正雅らと浦賀に出張。蟠竜丸の修理状況を視察した。
	十一月二十七日	蟠竜丸の修理完了。浦賀へ出張し一泊。翌日、これに乗船し品川へ運んだ。
文久三年	正月二十三日	政事総裁職の松平春嶽を上方へ運ぶべく品川を出港。波高く、浦賀に碇泊。翌日出港。
	九月二日	上京する酒井忠績らを順動丸に乗せ、品川を出帆。機関に故障があり浦賀にて修復。夜出港。
	十月三十日	二十八日、順動丸にて兵庫から江戸へ出航。途中、浦賀に入港。慶喜と会い、順動丸を引き渡す。
	十二月二十八日	艦隊を率いた将軍の海路上洛。旗艦・翔鶴丸を指揮。この日、浦賀に停泊し翌朝出港。
元治元年	五月十九日	将軍の海路帰府に随行。翔鶴丸を指揮し、浦賀に寄港。翌日品川へ出航。
慶応二年	十二月十三日	浦賀を訪問し、富士山丸と朝陽丸を検分。翌日、江戸へ帰った。

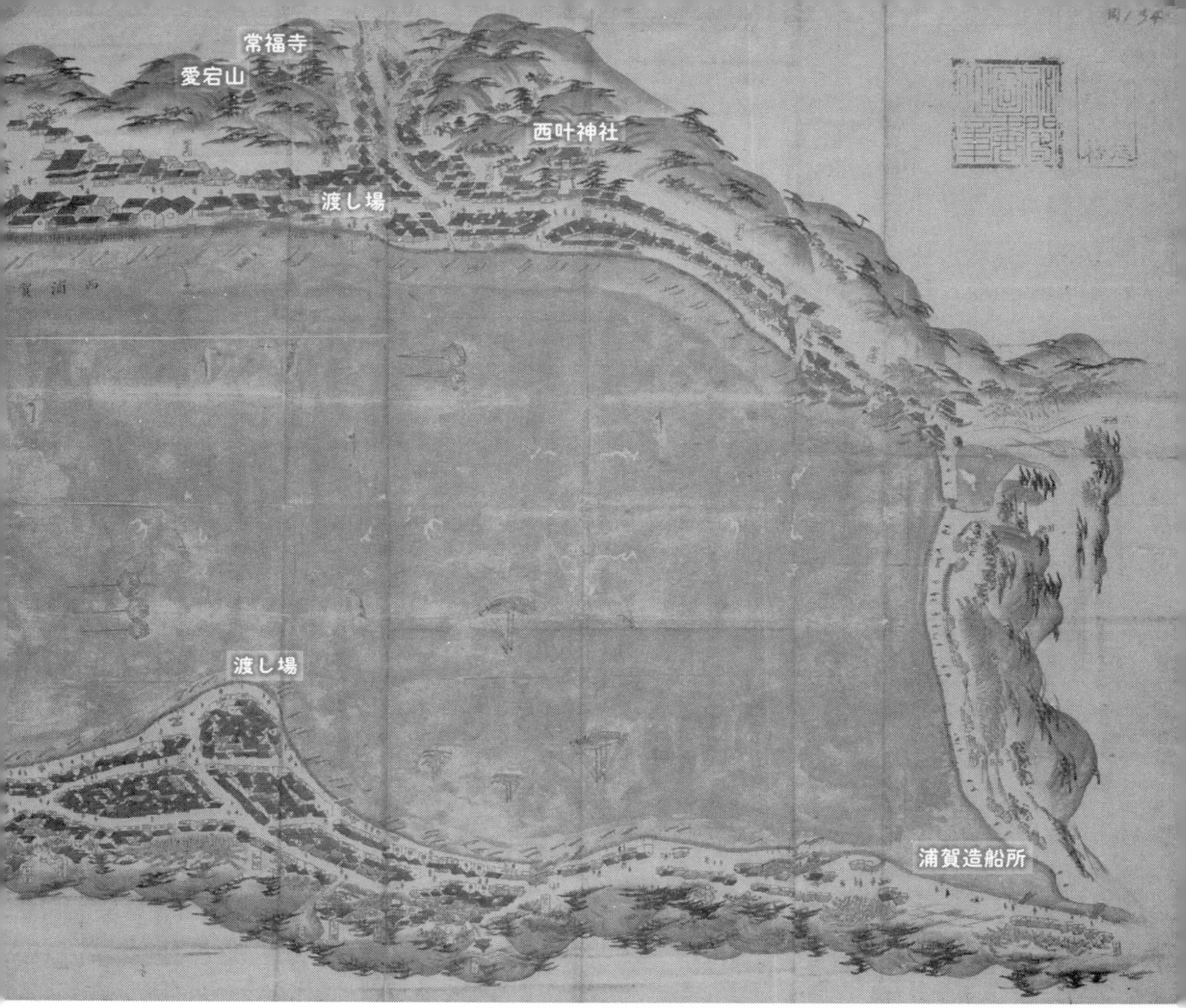

『浦賀湊蕃船漂着図』（国立公文書館蔵）

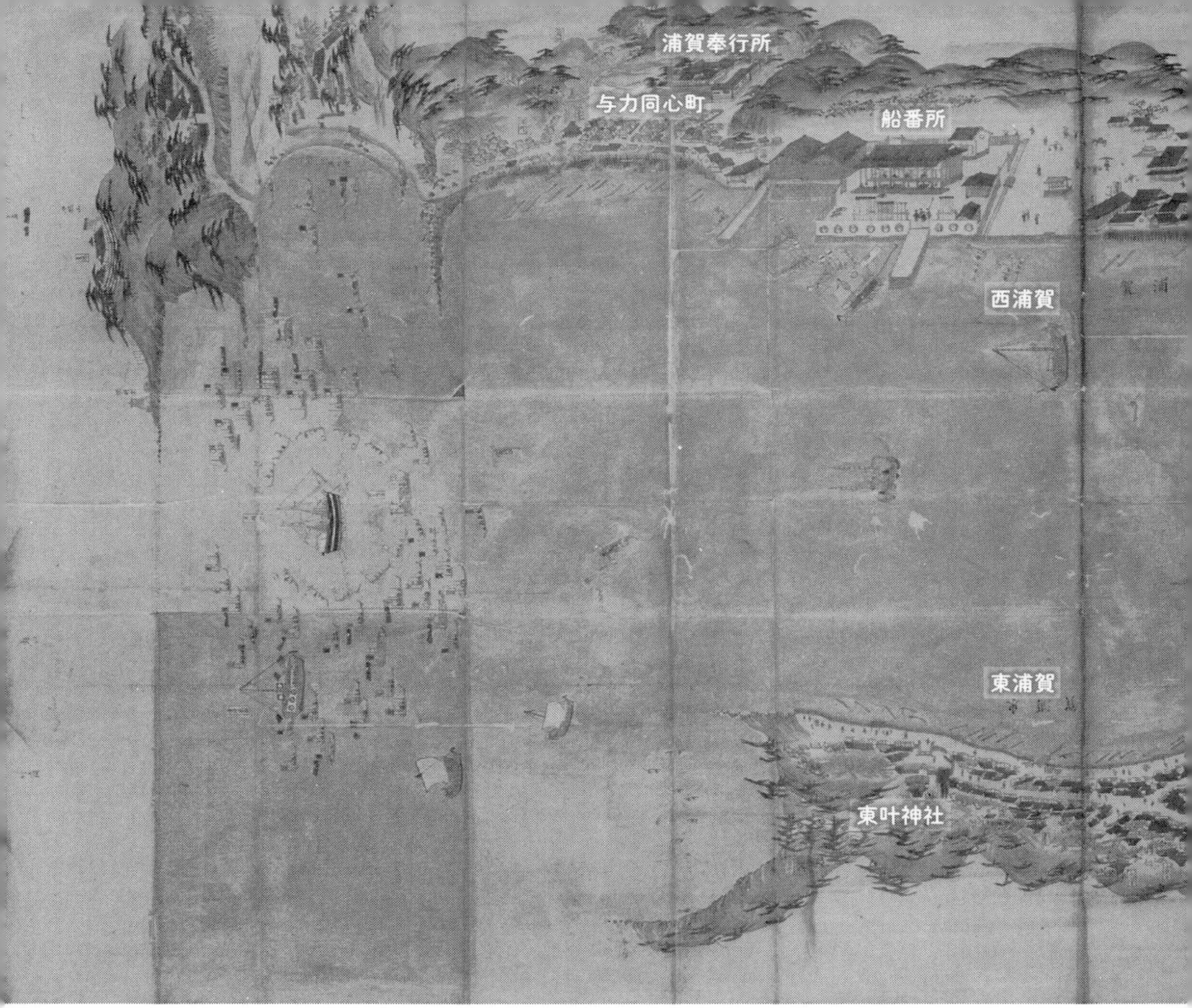
浦賀奉行所
与力同心町
船番所
西浦賀
東浦賀
東叶神社

【浦賀に遺る勝海舟関係史跡】

浦賀屯営跡（石炭囲置場）説明板
横須賀市浦賀3・2・26 ※雑貨店「秋桜」向かい

浦賀ドック跡 説明板
横須賀市東浦賀1・11

浦賀造船所跡 説明板
横須賀市浦賀4・7

梅本
横須賀市浦賀5・5・17

東叶神社
横須賀市東浦賀2・21・25

常福寺
横須賀市西浦賀2・16・1

咸臨丸出港の碑
横須賀市西浦賀1・9・3「愛宕山公園」山頂

船番所 説明板
横須賀市西浦賀1・11・1

陸軍桟橋
横須賀市西浦賀1・12・3

浦賀奉行所跡
横須賀市西浦賀5・17・2

若宮神社
横須賀市久比里1・4・11

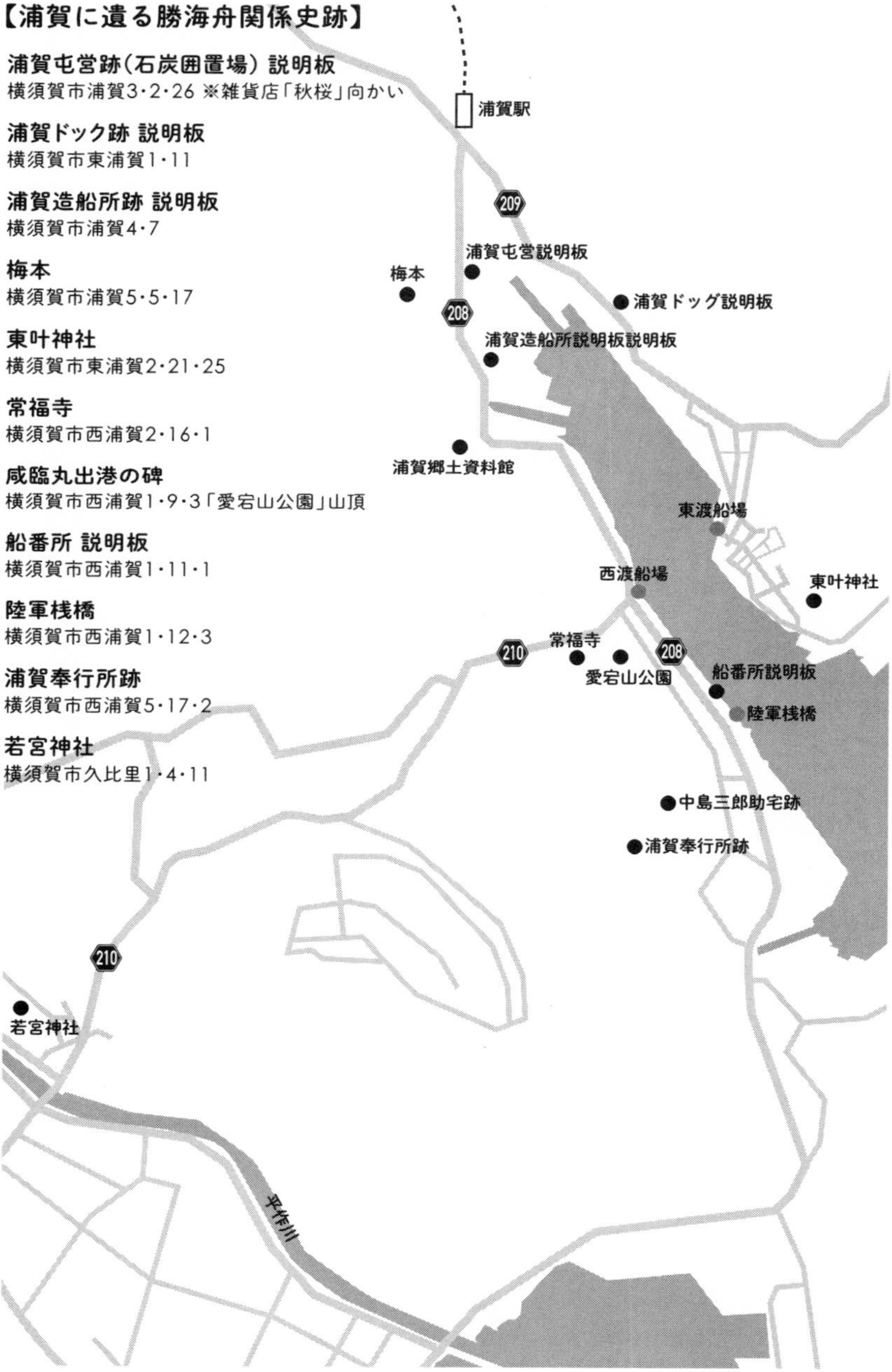

【其之二】

横須賀

維新後、旧幕府の造船所は
海軍大輔となった海舟の所轄に

YOKOSUKA

ペリーの来航以来、海防の強化が叫ばれるようになり、軍艦の購入や製造が相次いで行われてきた。

それに伴い、江戸近海にも軍艦の修理や器具の製造を行う製鉄所が必要となってきたことから、幕府は浦賀に軍艦作業場を設置した。やがて元治元年（一八六四）、横須賀に製鉄所、つまり造船所を作る計画が進行する。この計画はフランスの協力の下、勘定奉行の小栗忠順、及び監察の栗本鋤雲らによって進められた。

建設地に横須賀が選ばれたのは、横須賀港の形がフランス最大の軍港であるツーロン港に似ていたことなどが要因であったと伝わる。加えて横浜にも小修繕所を建設することが決定し、慶応元年（一八六五）二月、横浜の製鉄所建設が着手された。一方、横須賀製鉄所の鍬入式が行われたのは同年九月二十七日のことであった。

製鉄所の設計から運営を任されたのは、フランスの造船技師・ヴェルニーである。製鉄所には技術伝習所も設置されることとなり、造船におけるフランスの技術伝習もなされることとなった。

製鉄所は現在の米海軍横須賀基地内の中心部一帯にあたり、その対岸地は「ヴェルニー公園」として整備されている。幾何学的なフランス庭園の形式に沿った園内には「横須賀製鉄所（造船所）」の説明

慶応二年の横須賀湾奥（写真左）と横須賀村。（『須賀海軍船廠史』横須賀海軍工廠）

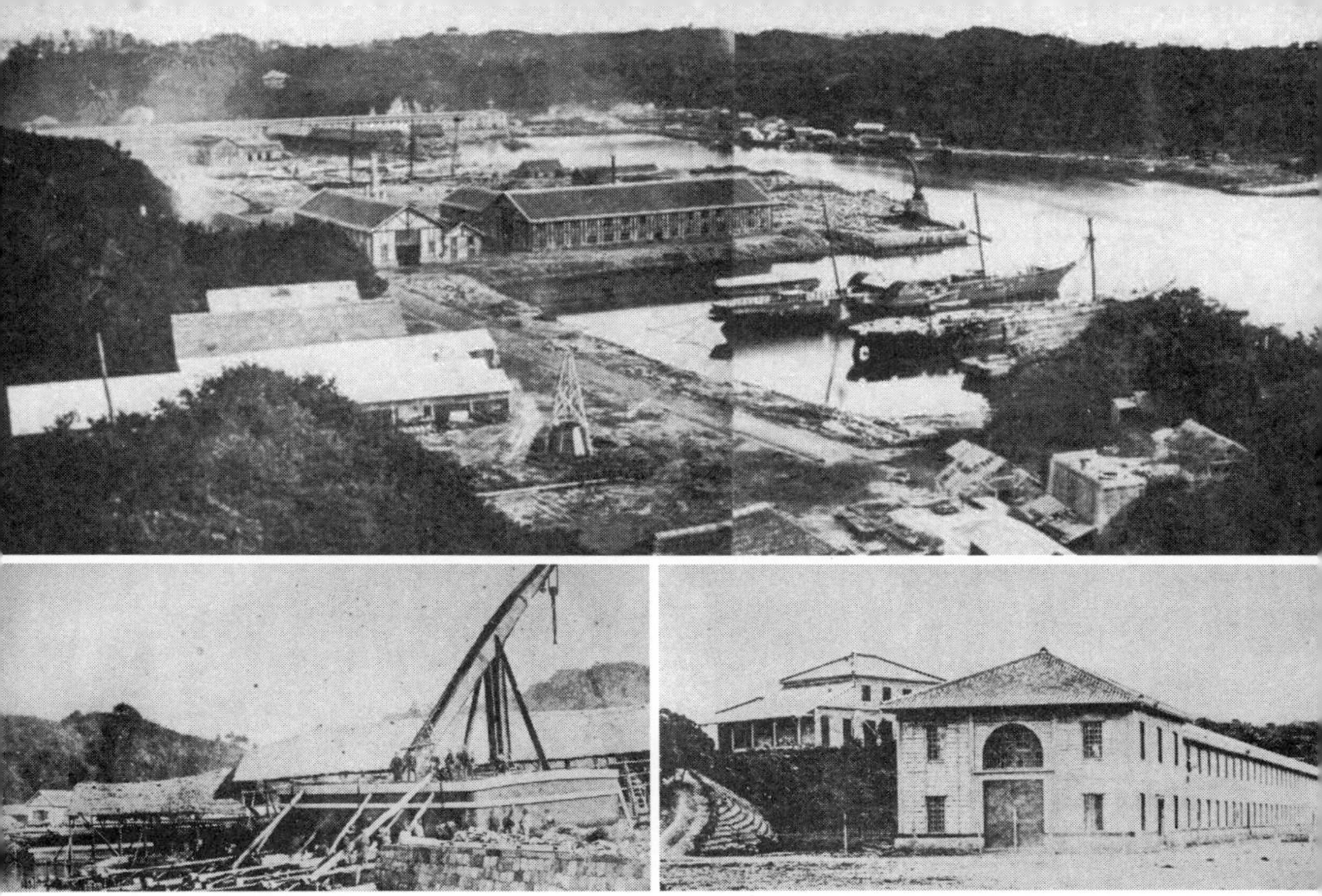

慶応三年の横須賀造船所構内（写真上）。海上登揚船進水の様子（写真左下）と製網場（写真右下）。（『須賀海軍船廠史』横須賀海軍工廠）

現在は米軍基地となっている横須賀製鉄所跡。対岸のヴェルニー公園に説明板が設置されている。

ヴェルニー記念館。旧横須賀製鉄所に設置されていたスチームハンマーなどが展示されている（写真右）。
ティボディエ邸（写真左）。

板が設置されているほか、小栗とヴェルニーの胸像も建立されている。

またヴェルニーの功績をたたえ、横須賀製鉄所についての展示がなされた「ヴェルニー記念館」や、明治二年（一八六九）年頃に建築された横須賀製鉄所副首長・ティボディエの官舎を、当時の部材を取り入れる形で復元した資料館「ティボディエ邸」なども設けられており、製鉄所の面影にふれることができる。

製鉄所のヴェルニーと面会

慶応三年（一八六七）九月十二日の海舟日記に「開陽、運転。兵部殿、肥後殿、御出。千代田形にて横須賀へ行き、ウエルニー氏に面会。蟠龍船に一泊」とある。この日、海舟は幕府の軍艦・千代田形で横須賀に出張してヴェルニーと会い、同地で蒸気罐《がま》を修理中の蟠龍丸に一泊した。

翌日の日記には「所々、一見。夕刻、帰船、直ちに金川へ帰る。一泊。」とあるように、夕方まで製鉄所の所々を視察した後、神奈川で一泊。翌十四日に帰府したようだ。

海舟がヴェルニーと面会したのは、蟠龍丸の修理状況を確認するのが一番の目的であっただろうが、実はこの一月前に、ある揉め事があり、それが関係しているのかもしれない。大正四年の『横須賀海軍船廠史（横須賀海軍工廠編）』によると同年八月、製鉄所の運用方頭目・リツショニーと、蟠龍丸の乗り組み員水夫との間で争論があり、双方から訴えが出されていた。

ヴェルニー（『横須賀海軍船廠史』横須賀海軍工廠）

そして十一月十七日、製鉄所掛若年寄の京極高富は蟠龍丸の水夫を軍艦奉行である海舟の下に送り、海軍局での処罰を仰ぐとともに、ヴェルニーにはリツショニーを適切に処分するよう求めた。

また同書によると、ヴェルニーは海舟と会った三日後、技術伝習生の神伴次郎と高橋鑄三郎なる二名を罷免している。校則違反による罷免であるが、この辺りの事情もヴェルニーとの相談内容であったのかもしれない。

ヴェルニーと小栗の胸像。

新政府に引き継がれた「土蔵付き売家」

横須賀製鉄所は維新後、明治新政府にそのまま引き継がれた。製鉄所を設立した小栗忠順は、戊辰戦争において主戦論を唱えたため罷免され、所領地の上州群馬郡権田村に隠棲したが、新政府軍により無残にも処刑された。製鉄所建設の際、すでに幕政は行き詰まりを見せ、幕府瓦解も予見していた小栗であったが、製鉄所に関しては、「土蔵付き売家の栄誉が残せる」と語った逸話はよく知られる。

製鉄所は日本国のために必要なものであり、例え幕府が倒れて売り家となろうとも、土蔵つまり、製鉄所付きで新政府に引き渡せば、徳川幕府の名誉も残せるであろう。維新後、果たして横須賀製鉄所は小栗の語る通りとなった。日露戦争における日本海海戦を勝利に導いた東郷平八郎は明治四十五年（一九一二）の夏、小栗の遺族を自宅に招き、「勝利を得ることができたのは、小栗さんが横須賀造船所を作っておいてくれたおかげだ」と感謝を述べた。

小栗とは政敵であったとされる海舟は後年、小栗を「誠忠無二の徳川武士で、先祖の小栗又一によく似ていたよ。一口にいふと、あれは、三河武士の長所と短所を両方具へて居ったのサ。しかし度量の狭かったのはあの人のためには惜しかった」と評している。

明治二年の横須賀造船所全景。（『須賀海軍船廠史』横須賀海軍工廠）

明治元年の横須賀湾内渡船上陸場（写真左）と湾内引揚場ドック（写真右）の古写真。（『須賀海軍船廠史』横須賀海軍工廠）

横須賀造船所は海軍大輔となった海舟の所轄に

明治新政府へ引き継がれた横須賀製鉄所に、第一号船渠が完成したのは明治四年（一八七一）二月のことで、同年四月に横須賀造船所と改称された。翌年五月二十三日には明治天皇の御召艦である蒼竜丸がヴェルニーの指導の下、造船され進水式が執り行われた。

海舟は同月十日に海軍大輔に就任し、以後、徳川家の移封地であった駿府より東京に居を移した。そしてこの年の十月、横須賀造船所は工部省から海軍省の所轄となった。そのため、海舟の日記には翌明治六年頃より、ヴェルニーの名前が頻出している。明治六年（一八七三）正月十二日の日記上欄には「横須賀御召艦の儀に付き御談」といった記載もある。

また海舟は横須賀造船所に関して、大蔵省や参議の大隈重信と幾度も相談を重ねている。同年三月の日記に「参朝。横須賀の事、御談これあり。大蔵省へ行き、定額内渡しの事談ず」、「横須賀の事、留守跡の事等、大隈殿へ談ず」などとあり、五月二日の日記には「大隈氏より文通。五日に横須賀同行の事、申し来る。不快に付き断る。」とも綴られている。

さらに翌月三日の日記に「大隈氏へ、教師来着の後、用途并びに横須賀〔の〕事談ず」、十日「大隈氏、横須賀行、同道致すべき旨談これあり候

明治元年の横須賀湾着船場。（『須賀海軍船廠史』横須賀海軍工廠）

ところ腫物につき断り」との記載がある。大隈との同道を二度に渡って断った事情はよく分からないが、同年九月の日記にも「大隈へ、伝習并びに横須賀及び航海費用の事、横浜製鉄所の事ず」といった記載があり、横須賀製鉄所における予算のことなどで、度々相談を重ねた様子が窺える。

函容《かんよう》の命名

明治六年十月二十三日、横須賀造船所で建造された運送船・函容の進水式が執り行われ、海舟もこれに出席した。前日の『海舟日記』に「明日、横須賀にて涵容船水卸〔進水〕并びに第一ドック注水につき、午後より出張、同所へ一泊。」とあり、当日は「涵容水卸、ドック注水相済む。横浜へ帰り一泊」、翌日の日記には「帰宅」と綴られている。

『横須賀海軍船廠史』には「十月二十三日午後五時　六十馬力運送船ノ進水式ヲ擧行ス　勝海軍大輔臨場シテ此新船ヲ函容ト命名セル」とあり、この運送船を海舟が命名したことが記されている。

ただし前出の『海舟日記』に「涵容船水卸」とあるように、当初は「涵容」と命名したようだ。ところが「涵」の字にはシがあるため、船に水が入っているのは縁起が悪いとのことから後日、函容にしてはどうかとの意見が秘史局から持ち上がったそうだ。「函」の字には広く包み込む意味もあり、かくして船名は函容と改められたという。

ちなみに海舟は進水式の二日後、参議兼海軍卿に任命された。

明治天皇の行幸に随行

明治六年十二月十七日の『海舟日記』に「横須賀御臨幸　御供、一泊。」とある。横須賀造船所を視察すべく行幸する天皇皇后両陛下に、参議兼海軍卿であった海舟も随行したのである。

行幸の過程は以下の通り。午前七時二〇分に皇居を出た天皇皇后は、新橋停車場より汽車に乗り、九時横浜に到着。横浜港中波止場から端艇で蒼龍丸に乗船した。蒼龍丸は横須賀造船所で製造された御召艦である。東・日進・雲揚・鳳翔の諸艦を従えて出港すると、午後一時十五分に横須賀港へ入った。

海舟も視察した第一ドック。写真は明治三年の建設中の様子。(『須賀海軍船廠史』横須賀海軍工廠)

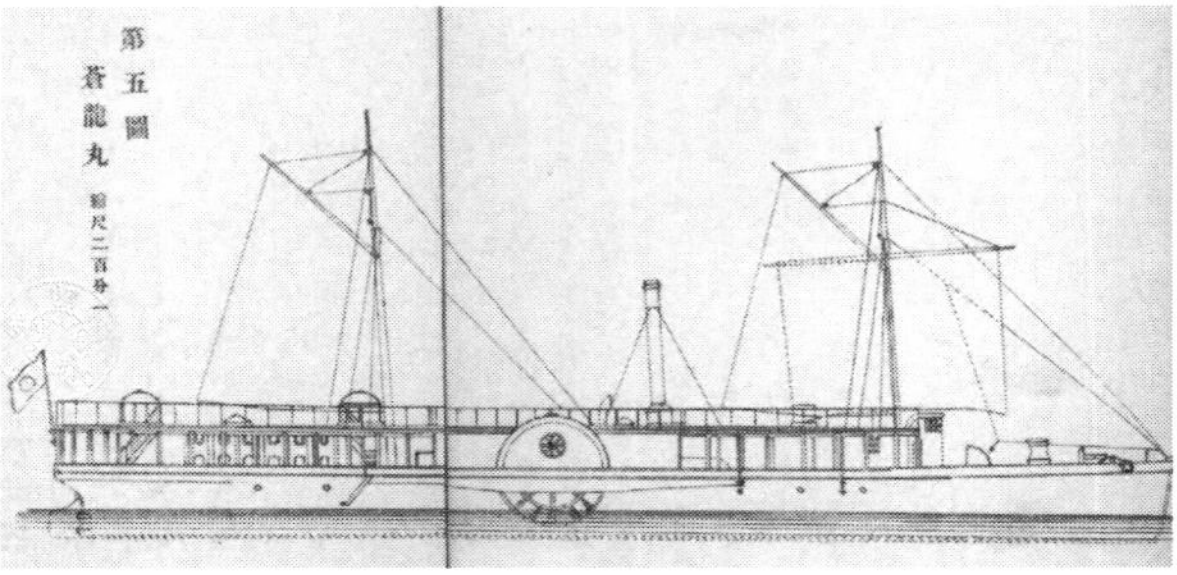

蒼龍丸（『須賀海軍船廠史』横須賀海軍工廠）

明治天皇（著者蔵）

造船所裏門通波止場から上陸した天皇は、徒歩で行在所の向山官舎に入った。随行者は海舟のほか熾仁《たるひと》親王・嘉彰《よしあき》親王・大隈重信（参議兼大蔵卿）・寺島宗則（参議兼外務卿）・松平春嶽（麝香間祇候）・伊達宗城（麝香間祇候）・池田慶《よし》徳《のり》（麝香間祇候）・亀井茲監《これみ》（麝香間祇候）・徳大寺實則《さねつね》（宮内卿）・東久世通禧《みちとみ》（侍従長）・高倉寿子《としこ》（典侍）らである。

行在所には各国公使も召され昼食後の二時半から造船所に行幸。首長のヴェルニーが先導し、各所を天覧し

行幸の同時期に撮影された向山行在所。（著者蔵）

た。行在所に戻ったのは五時二〇分だった。

この日、天皇皇后は一泊し、翌日の朝八時半から猿島沖で行われた艦隊操練を、行在所の階上より視察した。天皇が皇后とともに行在所を出たのは十時。気球の放揚を視察した後、波止場から蒼龍丸に乗船した。午後一時、横浜港へ入港。横浜駅で昼食をとり、三時に新橋駅に戻った。

海舟は、この日の日記に「帰宅」と綴るのみであったが、横須賀造船所は当時、海軍省の所管となっており、海軍卿である海舟の重責は相当なものだったと察せられる。

海軍兵学寮横須賀分校

明治七年（一八七四）の二月十八日、岩倉具視の屋敷で行われた集会に出席した海舟は、ここでヴェルニーと会った。日進艦の修覆について相談したようだ。日進艦はかつて佐賀藩が購入した船で、明治三年（一八七〇）に政府へ献納された。石川島で修理作業が行われていたが、急ぎ修理を終えるべく、この日に横須賀へ回航された。修理が急がれたのは翌月、台湾

明治天皇の向島行在所跡は現在、横須賀幼稚園の敷地となっており、園内の庭には行在所跡を示す石碑が建つ（写真左）。また庭の南側、八幡山の中腹には東郷平八郎の筆による「明治天皇御駐蹕」の碑（写真右）も建立されている。

海軍兵学寮横須賀分校は、向山官舎の一棟を譲り受けて設置された。詳細な場所はよく分からないが、明治天皇の行在所には、向山官舎が利用されていたことから、行在所跡の碑が建つ周辺にあったと推察される。

への出兵に用いるためである。

海舟はこの翌日、山県小太郎を横須賀へ使いに出している。十九日の日記に「横須賀へ使い差し出す。修覆の事、兵部迄。」、二十一日には「山県小太郎、横須賀より帰る。修覆の事申し聞く。」とある。山県は豊後岡藩士の出身で、会津城籠城戦において降伏文書を受けとったことで知られる。維新後は兵部省、海軍省につとめた。

日進艦は無事修理され、四月九日に西郷従道らを乗せて出航するに至った。

また、この年の五月、英国教師海軍大機関士フレデリック・サットンの建言により、築地海軍兵学寮の分校として横須賀に「海軍兵学寮横須賀分校（後の海軍機関学校）」が設置された。海軍兵学寮の機関科生徒に、造船所内における実地工業を学ばせるべく設置されたもので、横須賀村四番地十四番（向山）にあった校舎一棟、及び向山官舎の一棟を主船寮から譲り受け、六月三日に開校された。ちょうど前年、明治天皇の行在所に向山官舎が利用されており、詳細な場所は特定できないが、「明治天皇聖跡横須賀鎮守向山行在所」の碑が建つ現在の本町三丁目あたりに、海軍兵学寮横須賀分校があったと考えられる。

大正時代に海軍兵学校が編集した『海軍兵学校沿革』によると、海軍卿の海舟が、開校式において祝辞を述べたようだ。「勝海軍卿式場ニ於テ演ヘテ曰ク今般茲ニ海軍兵學分校ヲ置キ蒸気機関科生徒ヲシテ實地經

1

2

3

4

5

6

7

8

【1】横須賀製鉄所構内（明治二年）。【2】横須賀製鉄所構内（明治三年）。【3】修復船引揚ドック（明治二年）。【4】引揚船台（明治二年）。【5】元練鉄工場（明治二年）。【6】集会所（明治二年）。【7】官舎（明治四年）。【8】官舎（明治六年）。（『須賀海軍船廠史』横須賀海軍工廠）

上より明治四年、五年、八年の横須賀造船所全景。(『須賀海軍船廠史』横須賀海軍工廠)

験ノ學ニ就カシメ後來海軍ヲ擴張シ国家ヲ護持スルノ一助ニ備フ衆皆勉勵スヘシ」と記されている。ただし、海舟の日記には開校式に出席した旨の記載がなく、この辺りの事情はよく分からない。ちなみに澤太郎左衛門の長男である澤鑑之丞の著書『海軍兵学寮』には「當時、横須賀港への往復は、新橋驛から横濱驛までは汽車に乗り、横濱の『イギリス』波止場から、横須賀海軍造船所の十馬力船に便乗するのでありました」といった記載があり、海舟も兵学寮へ出張する際には、このようなルートを利用したと思われる。

海舟の下野

明治七年八月、台湾出兵のため回航された東艦が長崎で暴風のため破損した。海舟はこれを理由に自身の罷免を求めた。さらには「各省の人員削減のために」と退職願いを提出し、以後出勤を拒んで引き籠もった。この辞表は宙に浮いたまま、翌明治八年（一八七五）四月二十五日に元老院議官を命ぜられるが、やはり二日後に辞表を提出。十一月になってようやく辞任が認められた。その後、明治二十一年（一八八八）に枢密顧問官に就任するまで、海舟は官職を離れ、在野において厳しく新政府を見つめ続けた。

ヴェルニーの解嘱

一方、横須賀製鉄所にも大きな動きがあった。維新後、明治新

肥田浜五郎（『大日本名家肖像集』経済雑誌社）

政府に引き継がれた横須賀製鉄所は大蔵省から民部省、工部省へと所轄が変わり、明治四年の四月に横須賀造船所と改名された。横須賀造船所を取り仕切ったのは同年八月に造船頭兼製作頭を任ぜられた工部小丞の肥田浜五郎である。肥田と海舟の関係は深い。幕末、共に長崎海軍伝習所で学び、咸臨丸での渡米においては、肥田が機関長を務めた。

ヴェルニーの官舎。(『須賀海軍船廠史』横須賀海軍工廠)

ただしこの年の十一月、肥田は岩倉使節団の理事官として欧米に旅立ち、日本を離れる。そして翌明治五年十月、横須賀造船所は工部省から海軍省の所轄へ移り、不在の肥田に代わって海軍大丞の赤松則良《のりよし》が主船頭の代行を務めることとなった。赤松もやはり長崎海軍伝習所で学んでおり、測量方兼運用方として、咸臨丸での渡米に参加している。

かくして海軍省の所轄となった横須賀造船所であるが、その実、造船所を掌握していたのはヴェルニーらフランス人技師たちであった。また当時、彼ら御雇外国人にかかる経費も、政府にとって頭痛の種となっていた。

そこで明治六年一月、赤松は「横須賀造船所に係り候条目」を提出し、造船所におけるフランス人の弊害を挙げて、ヴェルニー以下お雇いフランス人の解雇を主張した。

肥田が帰国したのはこの年の四月のことである。海舟の五月九日の日記に「肥田浜五郎、横須賀望みの旨申し聞く。」とあり、肥田は五月二十九日、海軍大丞兼主船頭として造船所の事務運営を管理することとなった。これは『海舟日記』五月二十三日にある「参朝。大隈氏へ廻漕の事相談。并びに肥田浜五郎の事内話これあり」を受けてのものであろう。三十一日の日記に「肥田、昨日海軍省拝命の旨」とある。

肥田が海軍卿の海舟に相談することも多く、その様子は海舟の日記からも窺うことができる。

明治六年七月十三日「肥田、ウェルニー氏、インゲニール御雇いの事、その其他談じ候旨申し聞く。」、二十六日「佐々倉桐太郎、明日横浜へ教師迎えとして罷り越し候旨申し聞く。肥田浜五郎、横浜製鉄所、回漕方へ譲り申すべき哉の事談ず。」、十二月三十日にも「肥田氏、横須賀の事共申し談ず。」、明治七年六月四日には「肥田、横須賀にて紛紜の儀申し聞く。」といった記載が確認できる。

欧米を自身の眼で見てきた肥田は、日本の造船力を発展させ、国力を高めるためにも、日本人だけで造船所を運営できるようにしなければならないと考えていた。そこで明治八年五月、「事務改革草案」を海軍大輔の川村純義に提出した。フランス人首長の権限を大きく縮小規制したこの草案は裁可され、ついには十一月、ヴェルニーの解雇が通告されるに至った。

海舟はこの頃、既に退職願いを提出し、引き籠もっていたが、ヴェルニーの解雇についても肥田より相談を受けていたようだ。『海舟日記』の明治七年十月十日に「肥田浜五郎、ウェルニー放逐の事、川村談じ候旨。」とあり、十一月十八日には「肥田へ、ウェルニーへ出す定約下案、返却。」と綴られている。さらに翌明治八年の三月十六日にも「肥田浜五郎、ウェルニー一件につき当惑の旨申し聞く。并びに取扱い出来難く由。」といった記載がある。

解嘱が決まったヴェルニーは同年十二月二十八日、川村純義の斡旋により明治天皇の謁見を受け、勅語を賜った。そして明治九年の一月十六日には芝離宮の延遼館において、送別会が行われた。

ただしこの数日前、ヴェルニーは海舟を訪ね、不平も含めて話していたようだ。一月四日の『海舟日記』に「払郎人ウェルニー　、ジブスケ。ウェルニー氏、旧臘御暇に相成り候旨、種々是迄の来歴不平申し聞く。」とある。

ともあれ三月十二日、横須賀製鉄所の創設に尽力したヴェルニーは、横浜よりフランス便船タイナス号に乗り、帰国の途に就いた。

走水水源地駐車場には「ヴェルニーの水」を求めて多くの人々が足を運ぶ。かつて当地にはヴェルニーの像も設置されていた。

「ヴェルニーの水」と海舟

造船所はもちろん、ヴェルニーの功績としてもうひとつ注目されているのが水道の設備である。造船所における水の需要は極めて高く、未だインフラが整っていなかった当時においてヴェルニーは、水道の建設を計画した。そして走水村に良質な水源地を見つけると、これを造船所まで導水しようと考えたのである。

走水村から造船所までは直線距離にして約七キロ、大掛かりな工事である。ヴェルニーは主船頭の肥田浜五郎に相談し、賛成を得たが、本省においては計画に議論が起こり、ついには費用がかかりすぎるとの理由から、中止が命じられた。

ただし肥田は、この事業は必要不可欠であり、費用を理由に中止すべきものではないと直接、海軍卿の海舟に訴えた。事情を聞いた海舟はこれを了承し、こうしてヴェルニーの水道事業は進められた。『海舟日記』の明治七年四月十二日にある「肥田よりウェルニー申し出の箇条、許可致すべき哉、調印いたし呉れ候様申します。」と、十三日の「肥田使いへ、調印の上、帳面返却。」の記載が、これに関するものだと思われる。

この導水施設はヴェルニーの帰国後、明治九年（一八七六）の末に完成した。

その後、海軍によって煉瓦造貯水池が設けられるなど拡張工事がなされ、明治四十一年（一九〇八）には横須賀市が一部払い下げを受け、市内にも給水をはじめた。

現在でも良質な地下水を沸き出し、走水水源地駐車場内に設けられた設備で、この歴史ある湧き水「ヴェルニーの水」を汲むことができる。

横須賀屯営の副長を務めた海舟の長男小鹿

海舟の長男小鹿は嘉永五年（一八五二）に生まれた。慶応三年（一八六七）、米国ラトガース大学に留学し、明治四年（一八七一）にはアナポリス米海軍兵学校に入校した。

明治十年（一八七七）に帰国すると翌年、海軍大尉を経て少佐に就任した。ただし小鹿は体調に恵まれず、休職・療養の繰り返しが

勝小鹿（三の丸尚蔵館蔵）

横須賀屯営の所属する横須賀鎮守府は、現在の横須賀市稲岡町の横須賀海軍施設内にあった。ただし小鹿が副長を務めた当時の横須賀屯営がどこにあったか、詳細な場所はよく分からない。写真右は明治二十三年に竣工した横須賀鎮守府初代庁舎の古写真。（著者蔵）　関東大震災で倒壊したが、再建された庁舎は現在も日米海軍司令部庁舎として利用されている。界隈は在日米海軍施設となっているため、立ち入りは認められていない（写真左）。

続いた。

　やがて明治十八年（一八八五）十二月に横須賀屯営の副長となり、在勤すべく翌年一月六日、横須賀に出立した。横須賀屯営は、横須賀鎮守府に所属していた。横須賀鎮守府は明治十七年の十二月に横浜から移転された東海鎮守府がその前身である。

　ところが、小鹿の体調はやはり優れず、四月に発病して自宅へ戻った。海舟の日記によると四月十五日「昨、高野盛三郎、悴〔小鹿〕、横須賀にて持病発し候旨電報。難波一へ申し遣わし、早速参り候様申し越す。」、十六日「於米、横須賀、内田并びに七太郎遣わす。帰宅の旨電報。夕刻帰宅。難波一。時田一泊。」と綴られている。

　その後も小鹿は体調不良を繰り返し、明治二十五年（一八九二）三十九歳の若さで病没した。

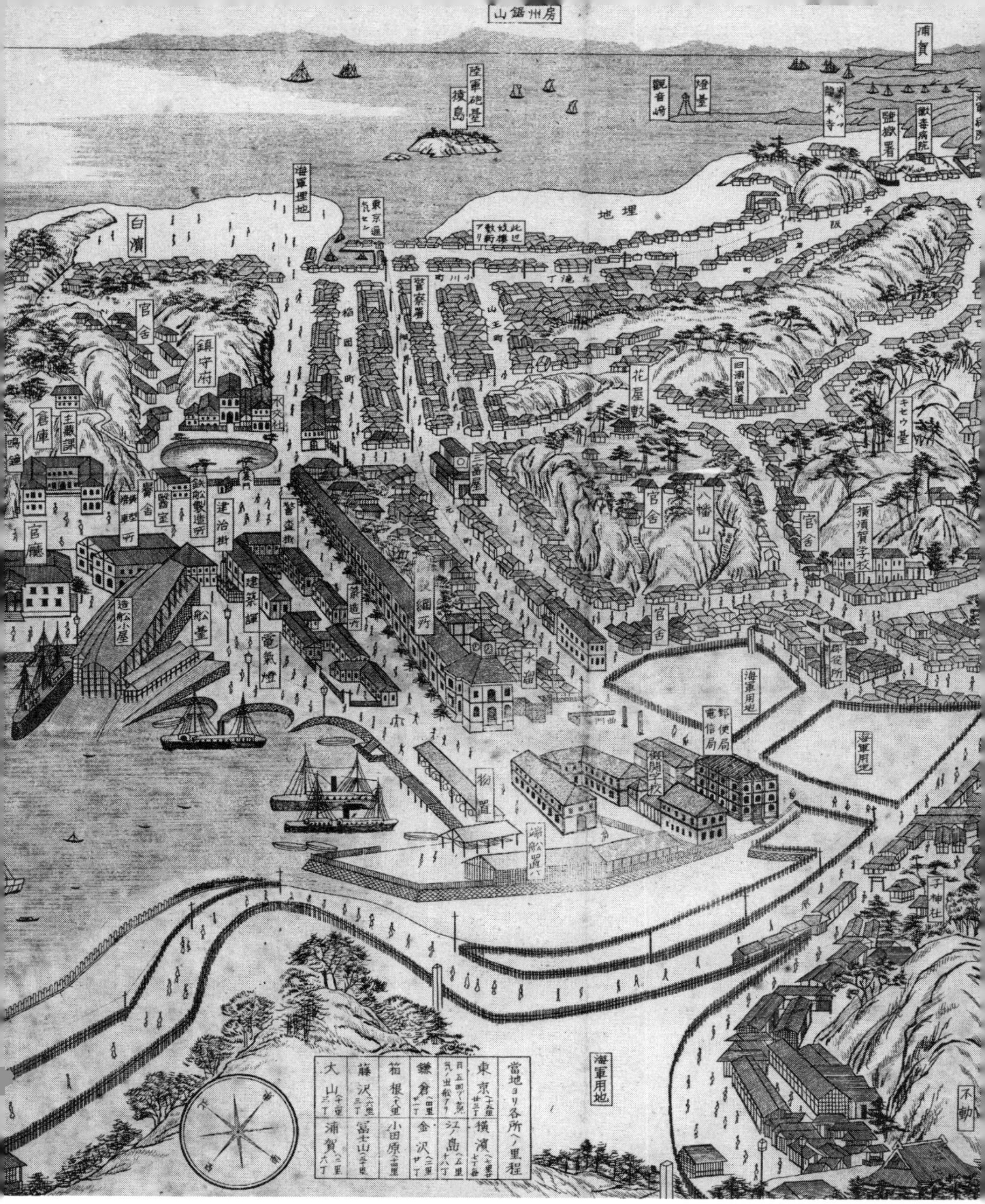

『横須賀明細一覧圖』明治23年（国際日本文化研究センター蔵）

本牧
猿島
長浦港
水雷営
消毒所
楠ヶ浦町
陸軍用地
物置
小海
楓山
鎮守府倉庫
トンネル
製帆所
石炭庫
三ヶ浦
組立所
旋盤所
鉄骨所
鋳造所
錬鉄所
新製所
グレー
泥浚船
ステーション
古倉
鹿ジマ社
逸見官舎
海兵團寄宿所

『海舟日記』等に見る主な海舟の横須賀訪問記録

慶応三年　九月十二日　千代田形にて横須賀へ出張。ヴェルニーに面会。この日は蟠龍丸に一泊し、翌日も製鉄所の各所を視察。

明治六年　十月二十二日～　二十二日、午後より横須賀へ出張し宿泊。翌日、運送船・涵容の進水式に出席。第一ドック注水完了後、横浜で一泊。

十二月十七日　明治天皇・皇后両陛下の行幸啓に随行し、一泊。

明治七年　六月三日　海軍兵学寮横須賀分校開校式に出席し、祝辞を述べたと伝わる。

【横須賀に遺る勝海舟関係史跡】

横須賀造船所跡
横須賀市楠ヶ浦町「横須賀海軍施設」内

ヴェルニー公園
横須賀市汐入町1・1

明治天皇向山行在所跡
横須賀市本町3・7

明治天皇御駐蹕の碑
横須賀市本町「緑ヶ丘学院」下

海軍兵学寮横須賀分校跡
横須賀市本町3・7「横須賀幼稚園」周辺

横須賀鎮守府（横須賀屯営）跡
横須賀市稲岡町「横須賀海軍施設」内

ヴェルニーの水
横須賀市走水1・2・1「走水水源地」

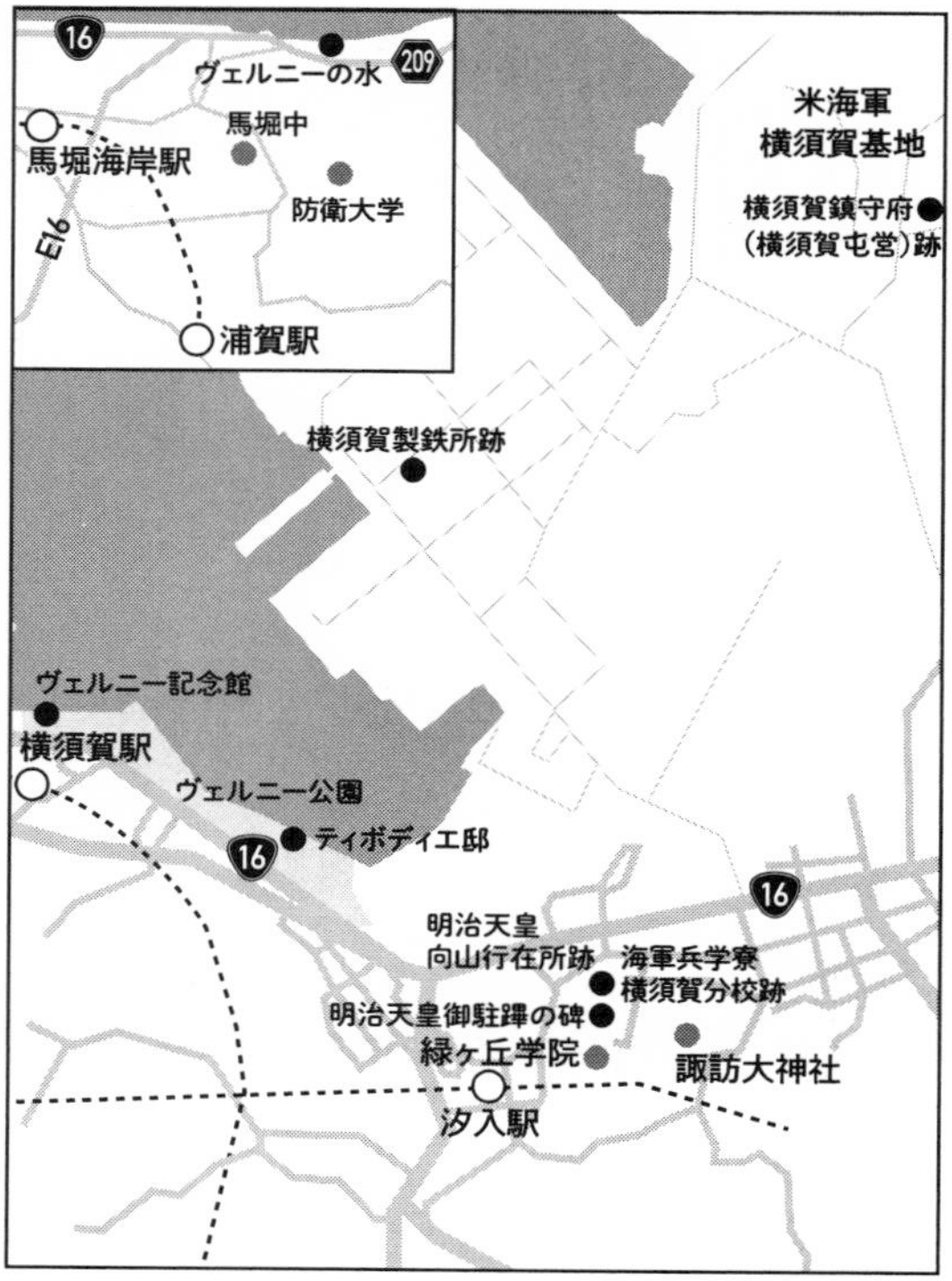

【其之三】

神奈川

海舟が台場を築いた
東海道の宿場町

KANAGAWA

海舟が幾度も利用した神奈川宿

神奈川宿は日本橋から京へ向け、東海道三つ目の宿場にあたる。幕末の開港により神奈川宿の寺院は各国の領事館や宿舎に充てられた。現在、神奈川通東公園となっている場所にあった長延寺はオランダ領事館に、慶運寺はフランス領事館、本覚寺はアメリカ領事館、成仏寺はアメリカ宣教師の宿舎となり、かのヘボンも当初はこの本堂に住んだ。

古くから陸海の交通の要衝であった神奈川宿のほぼ中心には滝の川が流れる。この川を境に江戸側が神奈川町、京側が青木町に別れ、滝の橋を挟んでそれぞれ本陣が設置されていた。神奈川町が石井本陣、青木町が鈴木本陣である。

滝の橋は当時とほぼ同じ位置にある。現在の神奈川二丁目十四号付近が石井本陣の跡地で、小さな説明板が設けられている。

石井本陣は明治元年（一八六八）十月十一日、明治天皇がはじめて東京へ行幸した際など、その行在所に指定された。滝ノ川公園に設置されている「明治天皇行在所之蹟」は、石井本陣の行在所を示したものである。

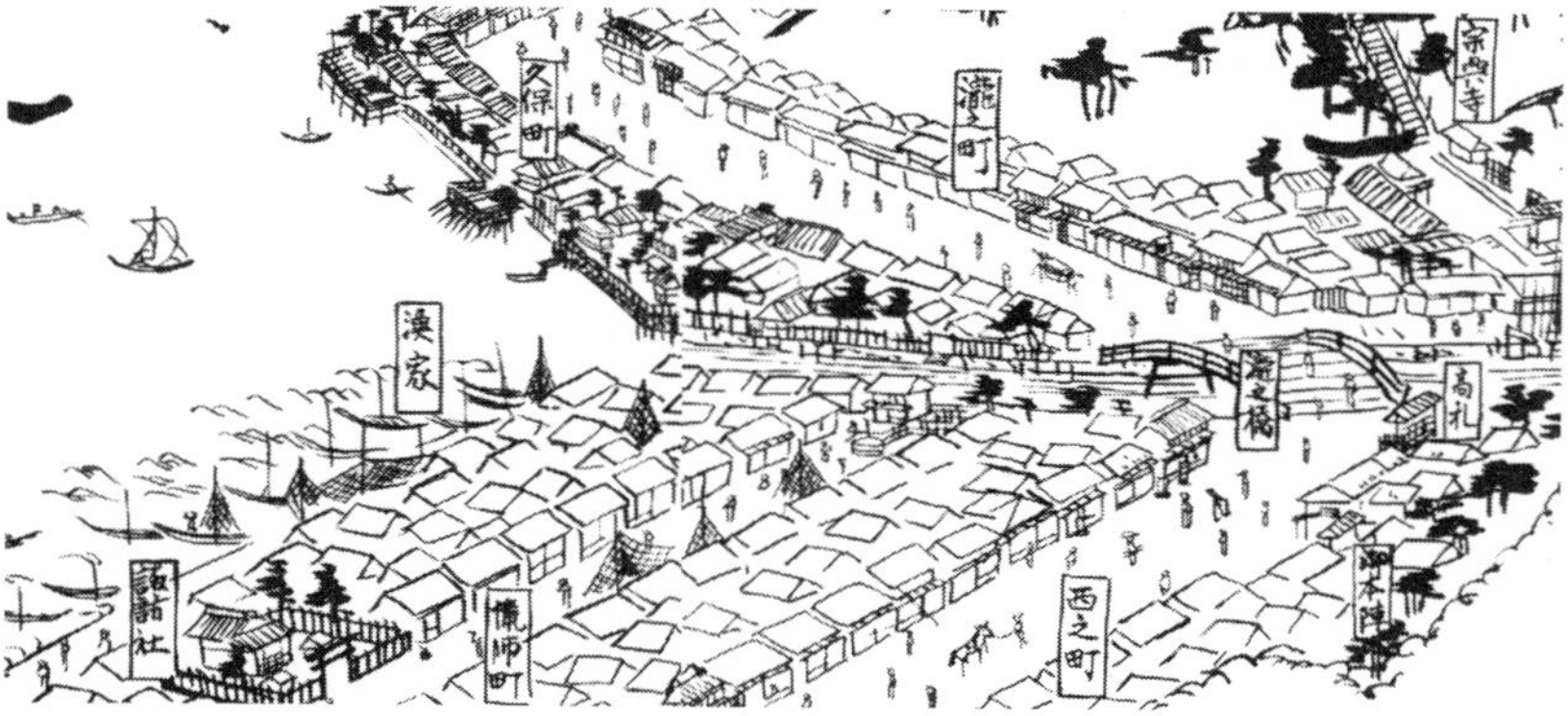

江戸時代の神奈川宿の様子。中央右側に描かれた滝之橋のふもとには高札があり、その手前に石井本陣が確認できる。橋を渡った海側にも鈴木本陣が設けられていた。（『金川砂子』煙管亭喜荘）

一方、青木本陣の跡地には「神奈川町本陣跡と青木町本陣跡」と記された碑が建立されている。

また滝の橋の交差点から、首都高の高架をくぐり、滝の川を北へ曲がった先には、滝の橋と本陣跡を示す説明板も設置されている。

海舟は幕末、何度も横浜に出張しており、神奈川に宿をとることも少なくなかった。文久三年（一八六三）の十一月十四日には本陣に宿泊したようだ。この日、海舟は若年寄の田沼意尊、及び稲葉正巳の命で横浜の運上所に出張した。将軍家茂が再上洛の際に乗船する船を購入するためである。

石井本陣跡に建つ小さな説明板（上）。滝ノ川公園には、石井本陣が明治天皇の行在所となったことを示す「明治天皇行在所之蹟の碑」（下）が建立されている。

『金川砂子』に描かれた石井本陣。幕末、横浜に出張した海舟も宿泊したと思われる。
（『金川砂子』煙管亭喜荘）

海舟が宿泊した本陣が神奈川町か青木町、どちらであったのか、日記から特定することは難しい。江戸東京博物館編集の翻刻では「神奈川脇本陣」とあるが、勁草書房版では「神奈川館本陣」となっている。神奈川宿に脇本陣はなく、神奈川館本陣とあることから、おそらく神奈川町の石井本陣に宿泊したのではないだろうか。

青木町の鈴木本陣跡。「神奈川町本陣跡と青木町本陣跡の碑」と記された碑が建立されている（写真上）。また滝ノ川沿いにも、「滝ノ橋と本陣跡碑」（写真下）が設けられている。

海舟や土方歳三も宿泊した大米屋

海舟が宿泊した本陣の確定は難しいが、利用した宿は明確となっ

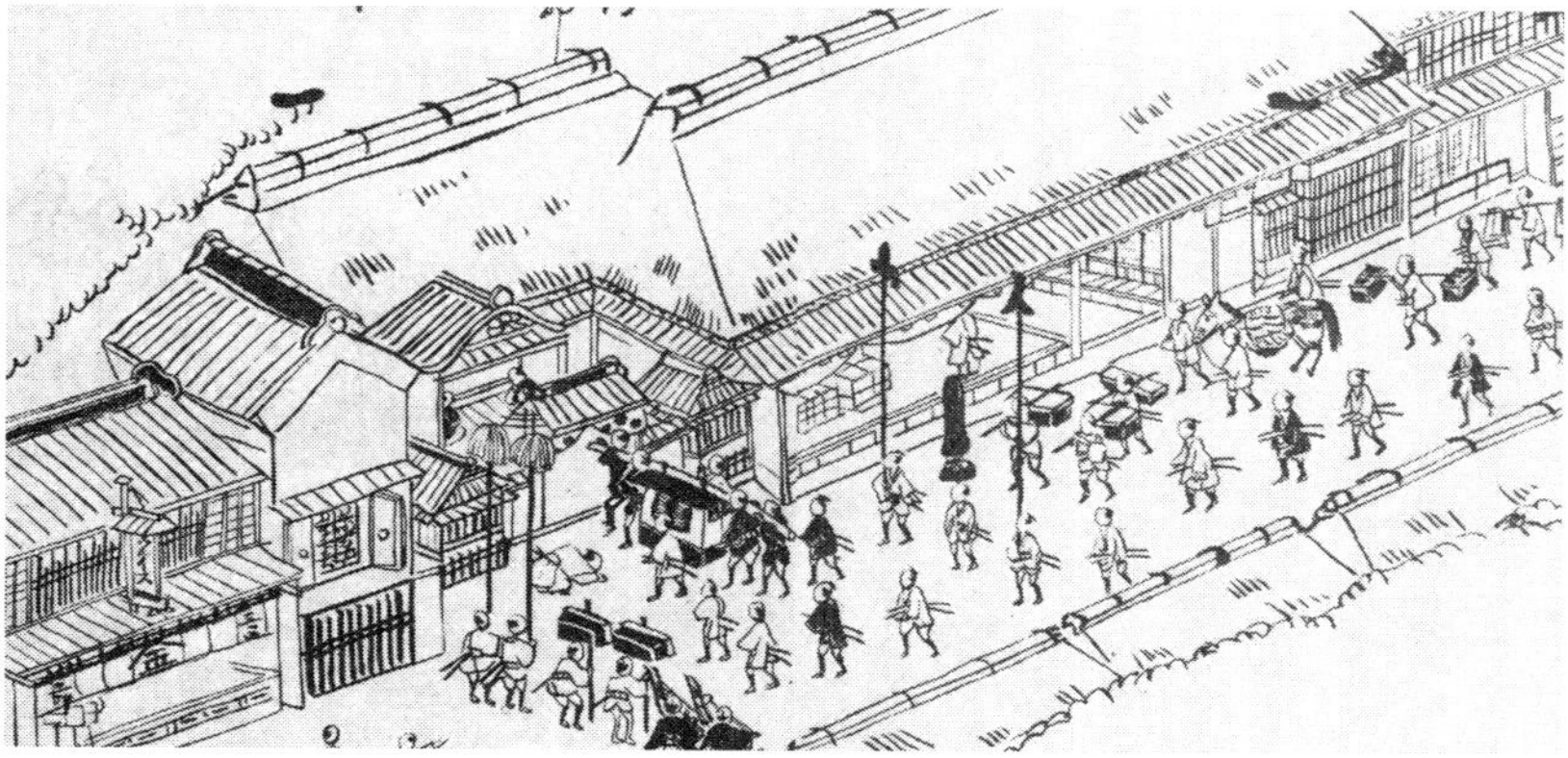

『金川砂子』に描かれた青木町の鈴木本陣。（『金川砂子』煙管亭喜荘）

天保十五年の『細見神奈川絵図』（神奈川県立歴史博物館蔵）。中心部、石井本陣から道を挟んだ向かい側に大米屋が描かれている。

ている。海舟の元治元年（一八六四）五月二十六日の日記に「金川出張、大米屋一宿」とある。将軍家茂の乗る軍艦を指揮して、海路上方への往復を成功させた海舟は、その五日後、下関攻撃における英蘭の状況を確認するため、横浜へ出張した。神奈川宿の大米屋に一宿したのはその際のことである。

大米屋は神奈川宿の大旅籠で、大米屋佐七が経営していた。落語「大山詣り」において、熊さんが大酒をあおり、風呂場で大暴れをしたために坊主にされた噺の舞台としても知られる。

場所は滝の橋の手前、石井本陣のちょうど向かい側で、道を挟んだ海側に大米屋はあった。その姿は天保十五年（一八四四）の『細見神奈川絵図』に確認できるが、現在は上空に首都高が走り、当時の様子を窺うこ

スイス人写真師ピエール·ロシエが撮影した「神奈川宿」の古写真。右下に見える橋が滝の橋である。橋の手前側が青木町、奥が神奈川町にあたる。橋のたもとには本陣があり、大米屋はその向かいにがあった。(J·ポール·ゲティ美術館蔵)

現在の大米屋跡。首都高が上空を走り、その面影はない。

とはできない。

大米屋には新選組の土方歳三らも宿泊している。慶応三年(一八六七)九月、土方は井上源三郎らと共に、隊士募集のため江戸に向った。その帰路で大米屋を利用したことが『新選組聞書』に記されている。『新選組聞書』は、子母沢寛が元新選組隊士である稗田利八にインタビューしたものだ。碑田は大米屋に宿泊した際の話として、次のように語っている。

「第一の泊りが、金川宿の大米屋左七という本陣、表には『土方歳三殿御宿』という大きな札が出て、宿役人が御機嫌を伺いに来ました。この晩も酒は出ませんでしたが、大変な御馳走でした」

神奈川湊

海舟の日記には「金川へ小舟にて行く」といった記載があり、神奈川出張の際、海路をとることもあったようだ。横浜から神奈川宿へ戻る際にも、船を使用した可能性が考えられる。

幕末に出版された『珍事五カ国/横浜はなし』を見ると「神奈川宮の川岸より横浜本町一丁目へ渡し船あり。海上一里余りあって賃銭五〇銅なり」とあり、当時の様子が紹介されている。宮の川岸とあるように、幕府は安政六年(一八五九)八月、神奈川宿の船着き場を青木町の宮の河岸に限定する旨のお触れを出した。

文久元年、ロシエが撮影した神奈川湊の古写真。右手前に洲崎神社の鳥居が確認できる。鳥居より参道を海岸へ進んだ先に船着場があり、多くの船が確認できる。（J・ポール・ゲティ美術館蔵）

ちょうど洲崎神社の鳥居から参道を進んだ先、現在の第一京浜国道に突き当たる辺りが当時の海岸線にあたる。ここに船着場があった。海舟も船で出張した際は、ここより上陸したのであろう。

海舟が設計した神奈川台場跡

安政六年一月、長崎海軍伝習所から帰府した海舟は軍艦操練所教授方頭取を務めていた。そして翌年一月に咸臨丸を率いて渡米するまでの間に、神奈川で大きな仕事をしている。神奈川台場の設計だ。

安政六年五月、幕府は神奈川宿周辺の警備を担当していた伊予松山藩に神奈川台場の構築を命じた。この台場を設計したのが海舟である。海舟への打診はすでに前年の十二月、長崎海軍伝習所にいた頃にあったようだ。十二月十三日の外国奉行・水野忠徳からの手紙がある。ここに「既に

『金川砂子』に描かれた船着場。洲崎神社の鳥居を出て、参道を進んだ先に船着場が見える。現在の鳥居から南下した第一京浜国道との突き当たり付近が海岸線にあたり、ここに船着き場があった（写真下）。

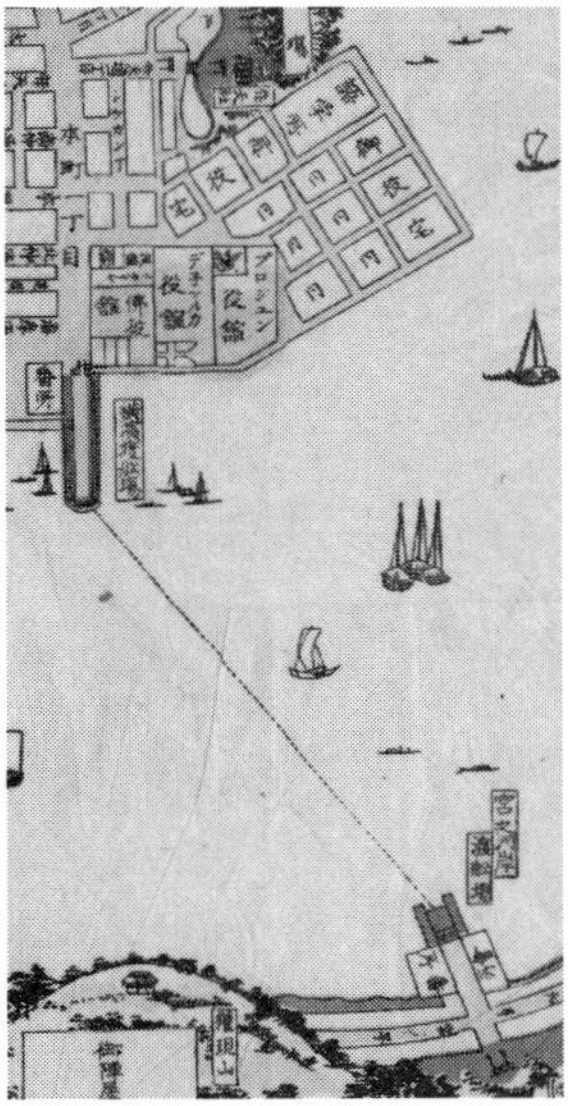

『横浜市史稿 附圖』には宮下の渡舟場から横浜への海路が描かれている。

松原《ママ》隠岐守、金川御警衛仰せられ候に付き、持場内炮台取立方之儀内々問合せに付き、貴君を進め置き申し候。御帰府の上は、御面談に申し述べく候。」と、神奈川砲台場の設計者として、海舟を推しておいた旨が記されている。

　また海舟が江戸に戻った後も、水野は念押しの手紙を送っている。安政六年三月九日のものだ。

「金川も追々開港近寄候へども、未だ何等の規則相立てず、扨《さて》々当惑仕り候。右に付き申し上げ置き候は、福井・松山とも御警衛仰せ渡されに付き、同所へ御台場取立て候見込にて、旧冬中より内々問合もこれ有り候へども、御所知通り不案内、幸ひ貴君御帰府に相成るべく間、御問合せに及び候様申し談じ置き候。定めて両家より相願い申すべく存じ奉り候間、得と御教示御座候様仕り度。異船輻湊の地、何卒早々取建てにも相成り、御開港已前凡は出来、且異人の嘲侮を招き候義これ無き様仕り度毎に御座候。御面倒ながら国家のため然

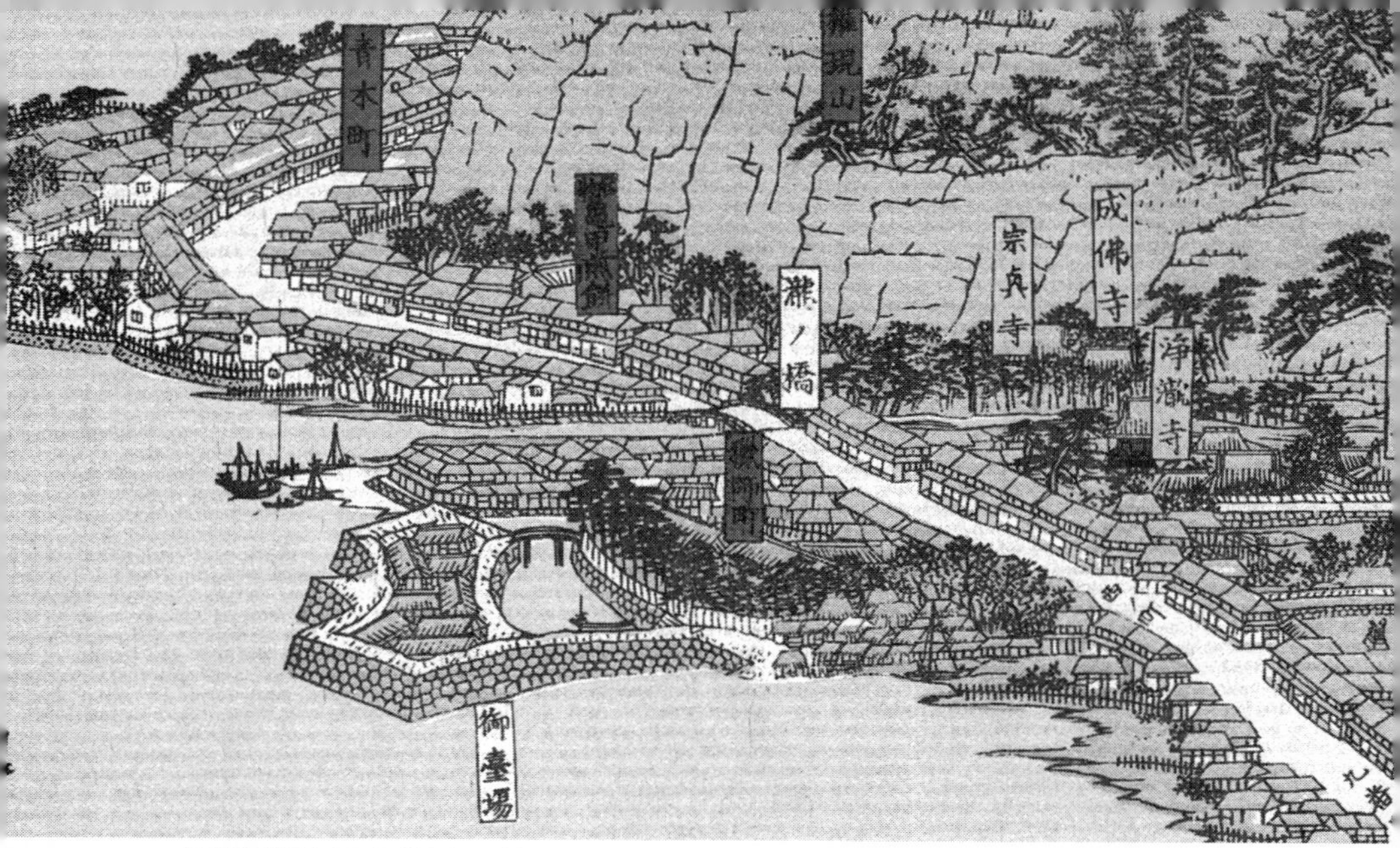

『御開港横浜之全図』に描かれた神奈川台場。

るべく御指揮、伏て相願い度、いさゐは拝顔に申し上ぐべく候得共……」と海舟へ、国家のために協力を求めている。

注目すべくは「福井・松山とも」との記載だ。水野は松山藩のみならず、横浜から本牧方面の警備を命ぜられていた福井藩の砲台建設も、海舟に指揮を依頼していた。

これに対し海舟は、横浜村と洲干弁天の二箇所に台場を設けることを提案したが、予算の問題で洲干弁天のみとなった。ところが洲干弁天の砲台も、イギリスやフランスの強い反対を受け、築造には至らなかった。

この当時、松山藩では海舟と門人らを藩邸に招き、饗応して歓待したと、晩年の旧松山藩士・内藤鳴雪《めいせつ》が語っている。

実はこの時、少しトラブルがあった。饗応の料理は用意できたものの、給仕を命ぜられた徒士目付の秋山平五郎と岡村廣助の二人が「幕臣とはいえ、大した御役でもない海舟らの接待などできない」と、これを拒んだのだ。秋山平五郎は後に日露戦争で活躍する秋山好古・真之兄弟の父である。

結局この時は機転を利かした大目付の柴田才治郎が自ら給仕役を引き受け、事なきを得たそうだ。

かくして工事は同年六月二十日に着工された。土木工事を担当した平野弥十郎らは、海舟の図面に疑問があると、何度も赤坂田町の海舟邸に足を運んだ。海舟は懇切丁寧に説明し、他にも疑問があれば、いつでも訪ね来るようにと話した。その後、海舟は赤坂氷川町に引っ越したが、そこにも弥十郎は足を運び、建築方法について教えを請うた。

残念ながら、神奈川台場構築の様子を海舟の日記から確認することはできないが、晩年の『海舟座談』において「神奈川の台場も、松山藩のモチでこさえのだが、ワシが図を引いた。八万両もかかるというのを、四万両でこさえた。馬だけ貸して下さいと言って、毎日乗り切って行った。何も入費はかからせなかった。キタない小さな言うにおった。それで、金はとらないものだから、よほど変な奴だと思われていたらしいよ。」と語っており、毎日のように馬で神奈川の現場まで通ったそうだ。

弥十郎の日記にも「此工事中に勝麟太郎ハ、屡々《しばしば》見分に参られ、其度毎、建築法ハ余人に示す事無く、常に我に詳細に教示有りたり」

平野弥十郎（『クラーク先生とその弟子たち』大島正健著）

秋山平五郎
（『秋山真之』秋山真之会編）

内藤鳴雪
（『鳴雪自叙伝』内藤鳴雪）

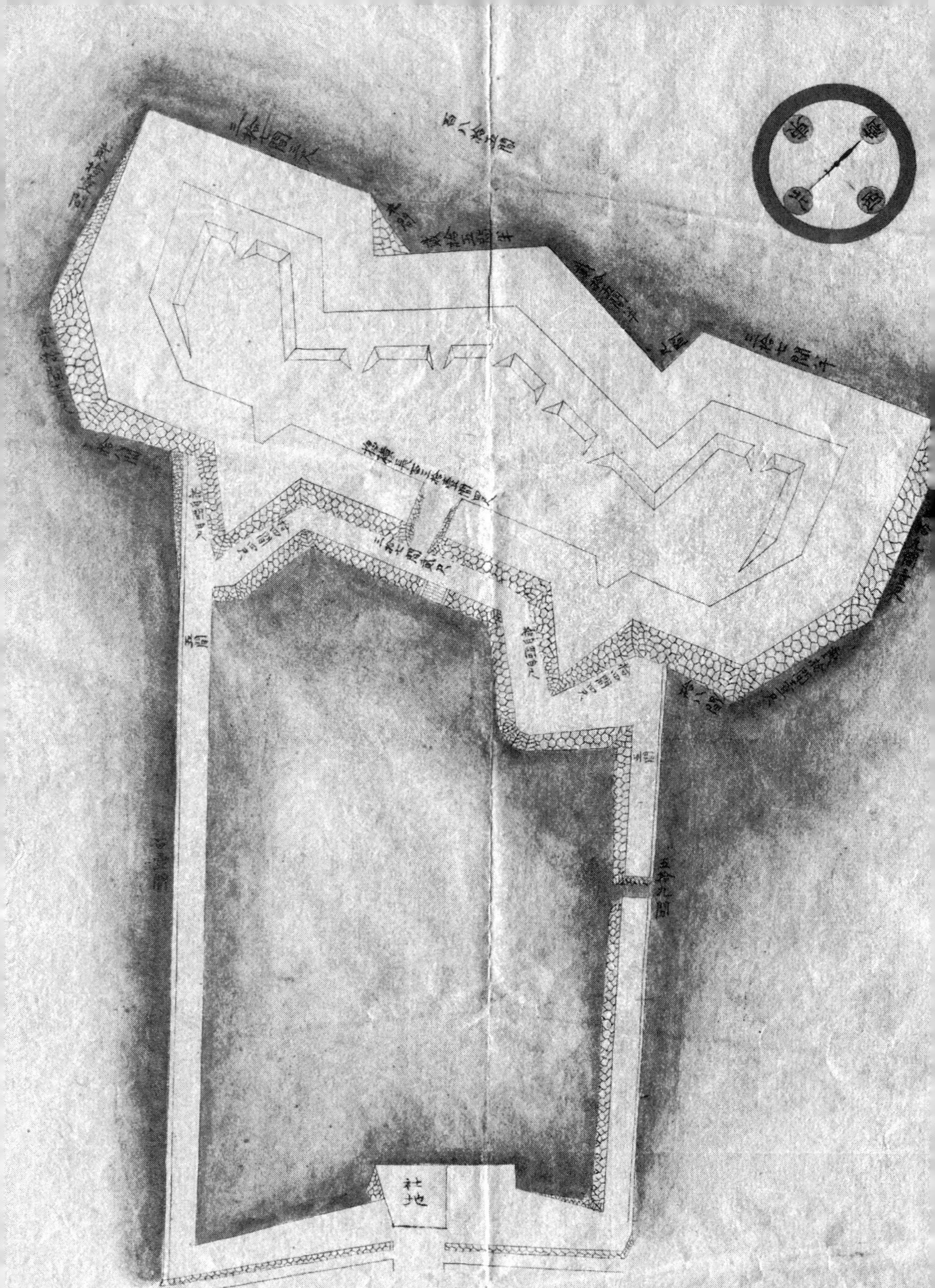

神奈川台場図（神奈川県立公文書館蔵【武蔵国橘樹郡神奈川宿本陣 石井家文書】）

とあり、見分する海舟の様子が記されている。

また台場の構築を命ぜられた伊予松山藩出身の内藤鳴雪は後年、「先ず縄張りと云って、海面に向かって杭を打込んだのであります、其時勝氏は門弟数人を従へて参りました、佐藤常（恒）蔵という人などが多少心得のある人と見えて実際に海面の棒杭を打て縄張をしたのであります。」と当時を振り返っている。

門弟数人とは、杉亨二や佐藤与之助であろう。台場の設計は海舟で、縄張りを佐藤政養と内藤の話に登場する佐藤恒蔵が担当したようだ。恒蔵は豊後杵築藩士で海舟門下のひとりである。

神奈川台場の完成

もっとも、万延元年（一八六〇）四月二十六日の台場落成時、海舟や佐藤恒蔵は日本にいなかった。実は恒蔵は海舟の推薦により、日米修好通商条約の批准書交換のために渡米した遣米使節に賄方として参加しており、海舟もまた咸臨丸にて渡米中であった。

台場が竣工となったのは六月十九日。海舟はこの前月に無事帰国しており、松山藩の留守居が御礼のため、海舟邸を訪れた。その様子を内藤鳴雪は次のように語っている。

「愈々《いよいよ》出来上がりましたので、先以て留守居が勝氏の宅へ挨拶に参ったのであります。随分大きな仕事を託したのでありますから、一寸自分で挨拶に参ると申しても十分な進物をして居りさうなものでありますが、其進物が誠に簡略な物であります。勝麟太郎様へとしてあるのが御肴代で金二百匹、御召物料、金額がないが、是はチツとは多かったらう。それから御母堂へは越後縮一とある、奥方、御娘が二人あるが、是も同様越後縮

明治中期の古写真。写真奥の海上に神奈川台場が確認できる。（山本博士蔵・横浜開港資料館保管）

一とございます、それから嫡子小六（小鹿）が唐詩選絵解五冊、次男四郎が絵本二冊、それから勝の門人佐藤与左衛門（与之助・政養）には金千匹、其外弟子総体で金五百匹、それから女中頭二百匹、其他女中二人に二朱ヅツ、斯ういふ贈物で、其前工事中にも一度これに準じた様な贈物を致しました。又其次には畳表代二千匹、或は鹽《しお》鯛壱折代五匁と云ふような物を贈っております。其自分の進物は十五万両の大名の留守居として持参するのが斯の如くであります。尤もこれは留守居自身の贈物という名義で贈ったのでありませう」。

維新後の神奈川台場

完成した台場は、羽を広げたコウモリのような形をしている事から「蝙蝠台場」とも呼ばれ、十四門の大砲が据えられた。実際に台場として砲撃することはなかったが、礼砲や祝砲の際に使用された。慶応三年（一八六七）五月二十日に行われた開陽丸引き渡しの式典には海舟も出席し、その際、神奈川台場からオランダ国旗に対して二十一発の礼砲が放たれた。

やがて幕府は大政を奉還。歴史は王政復古の大号令から戊辰戦争へと流れていく。海舟と西郷の無血開城談判により、江戸城が新政府に引き渡されたのは慶応四年（一八六八）四月十一日のこと。その五日後には佐賀

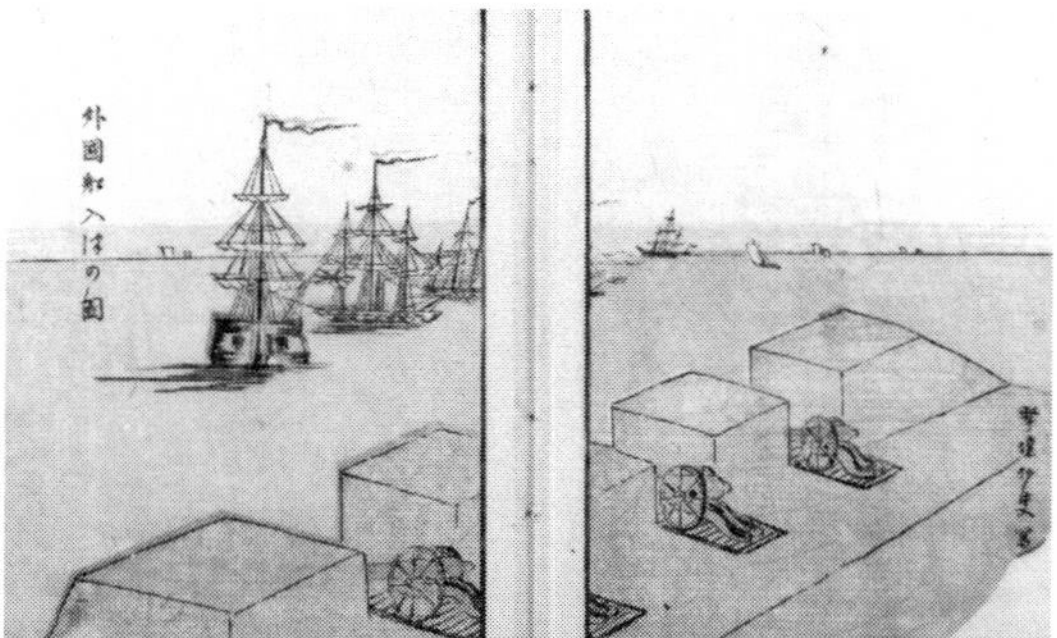

錦渓老人著『横浜繁昌記 初編』の口絵。神奈川台場からの外国船入港の様子が描かれている。（関西大学デジタルアーカイブ）

【1】神奈川台場跡を示す標柱が西神奈川一丁目十七番三号に建てられている。標柱の後には台場の石垣が露出している。【2】台場跡に整備された「神奈川台場公園」。台場に関する説明板が設置されている。【3】「星野町公園」のフェンス越しからも、露出した石垣の一部を見ることができる。【4】「星野町公園」に隣接するマンション「Historia Residense海舟」の一階には、建設の際に発見された台場の遺構を、資料とともに展示する「神奈川台場資料室」が開設された。(休業中)

藩の鍋島直大《なおひろ》が横浜に入り、東久世通禧も翌日到着した。そして四月二十日、東久世と直大は神奈川奉行から役所を接収し、神奈川台場も二十四日に引き渡された。

その後、神奈川台場は礼砲や祝砲を発するための施設として使われていたが、明治三十二年（一八九九）、外国人居留地の廃止によって役割を終え、ついには大正十年頃より埋め立てとなった。近年の調査によると、台場の遺構は現在もほぼそのままの形で、地下に埋められているという。

平成二十二年（二〇一〇）には横浜開港一五〇周年を記念して、跡地に「神奈川台場公園」と「星野公園」が整備され、その遺構とともに海舟の功績が現在に伝えられている。

松平勝成（松山市立子規記念博物館蔵）

松平定昭（松山市立子規記念博物館蔵）

海舟が指図した権現山の松山藩陣屋

滝の橋を渡り、横浜へ進んだ先の山側にはかつて権現山と呼ばれる山があった。実は神奈川台場を建設した際、その土は権現山から掘り出された。工事作業は極めて過酷で「死んでしまおか　お台場行こか　死ぬのがましかえ　土かつぎ」といった俗謡も歌われたという。

この工事や維新後の鉄道工事のため、かなりが掘り崩されて低くなったが、現在の幸ケ谷小学校付近が権現山の頂きにあたる。

文久元年の十月二十五日、海舟や平野弥十郎らは権現山に足を運んでいる。台場を築造し、海上の警衛を担っていた松山藩の陣屋を当地に建てるためだ。藩主の松平勝成《かつしげ》や継嗣・定昭が臨席する中、海舟が指図し、弥十郎によって縄張りがなされたことが、弥十郎の日記に記されている。

「松山家にて神奈川権現山へ陣屋を建るに付、其地割方を定るに付、松山の大殿并若殿・勝麟太郎殿始め、大目付柴田才次郎。中川伝八、其外作事役人出張に付、

現在の幸ケ谷小学校の辺りが、かつての権現山頂きにあたる。

権現山は幕末から明治時代に掘削され、かなり低くなった。現在、幸ケ谷公園として整備されている。

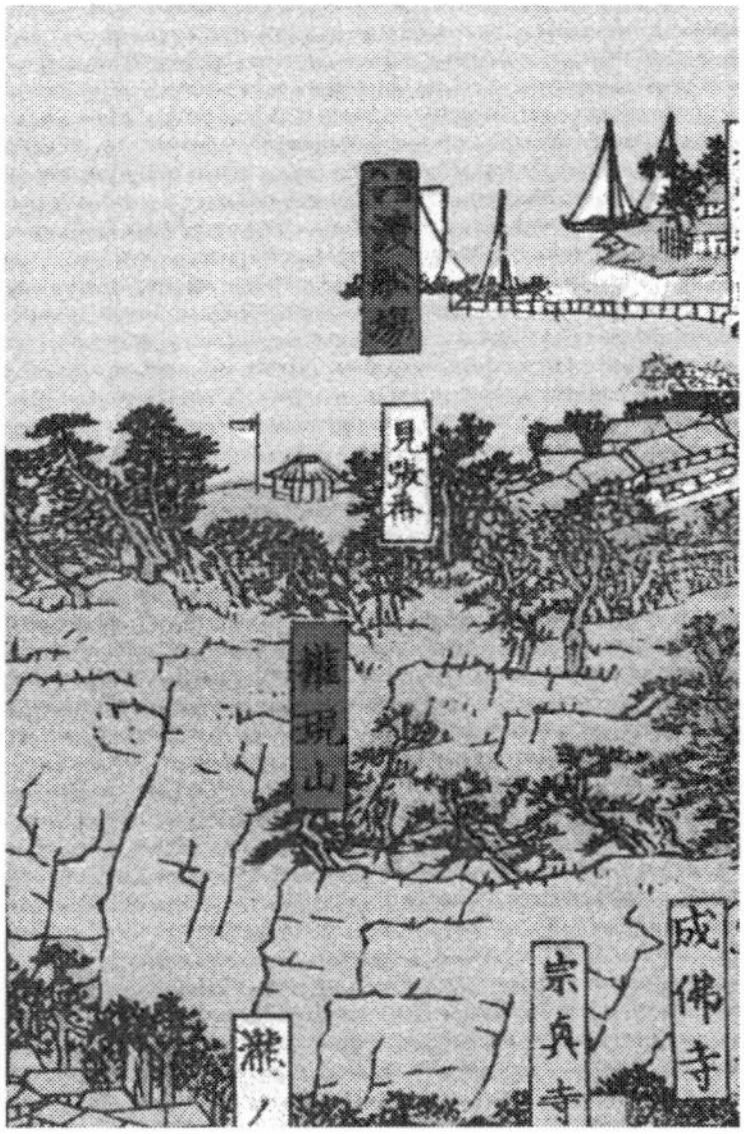

『御開港横浜之全図』の権現山。山頂には見張番所の記載も確認できる。

元治元年原版の『横濱明細全圖』に描かれた権現山には、御陣屋が記されている。

『金川砂子』に描かれた権現山。

我にも直に出張申付られたるに付、神奈川へ行き
も皆々立会見分の上も勝氏の指図を請て、我縄張
して、同日同宿に一泊して帰る」。

『海舟日記』等に見る主な海舟の神奈川訪問記録

安政二年	四月頃	神奈川・横浜周辺測量調査か？
安政六年	六月二十日〜	神奈川台場工事を指揮すべく、現場へ連日出張。
文久元年	十月二十五日	権現山の松山藩陣屋建設指揮するため出張。
文久二年	九月十日	将軍上洛に使用する蒸気船購入のため雨の中、馬で神奈川へ出張。翌日、神奈川奉行所にて竹本正雅へ示談。
	九月十五日	軍艦を購入すべく軍艦方と神奈川へ出張。翌日も滞留し、横浜へ数回往復数する。
	十月十三日	購入した順動丸を受けとるため神奈川へ出張。
文久三年	十一月十四日	将軍再上洛に使用する船を購入すべく、神奈川へ出張。神奈川館本陣に一泊。翌日は横浜で鉄船を見分した後、神奈川宿に戻り、田沼意尊・稲葉正巳を応接。江戸城で火事があり、この日帰府。
	十一月二十四日	翔鶴丸を視察購入するため、押送船で神奈川へ出張。二十六日、横浜にて購入。翌月一日、翔鶴丸で帰府。
	十二月十六日	さらなる蒸気船購入のため、押送船にて神奈川へ出張。二十日に帰府するが、蒸気船の購入は見送り。
元治元年	五月二十六日	下関攻撃における英蘭の状況を確認するため、横浜に出張。神奈川宿の大米屋に一宿。翌月二日、帰府。
慶応三年	四月十日	開陽丸尋問のため海軍奉行・大関増裕と海軍奉行並・織田信愛が神奈川へ出張。海舟もこれに同行。
	四月十八日	オランダ人教師採用の件に付き、神奈川へ出張し、横浜のポルスブルックと交渉。二十日帰府。
	五月十八日	翌日の開陽丸受け取りのため、神奈川へ出張するも、不都合があり引き返す。
	五月二十日	神奈川出張。開陽丸受取り。
	九月十三日	前日から千代田形で横須賀へ出張。各所を視察し、この日は神奈川で宿泊。翌日帰府。
	十月八日	英米仏蘭による灯台見分において、接待に問題が発生。指揮すべく、夜急いで神奈川まで出張。

※『海舟日記』においては「神奈川」及び「金川」など明確な記載がある項目を中心に掲載。

明治時代の東海道と神奈川。(J･ポール･ゲティ美術館蔵)

【神奈川に遺る勝海舟関係史跡】

石井本陣跡説明板
横浜市神奈川区神奈川2・14付近

大米屋跡
石井本陣跡向かい。首都高高架下付近

明治天皇行在所之蹟の碑
横浜市神奈川区神奈川本町3・5「滝ノ川公園」

滝ノ橋と本陣跡碑
横浜市神奈川区青木町10・13

神奈川本陣跡と青木本陣跡の碑
横浜市神奈川区栄町22

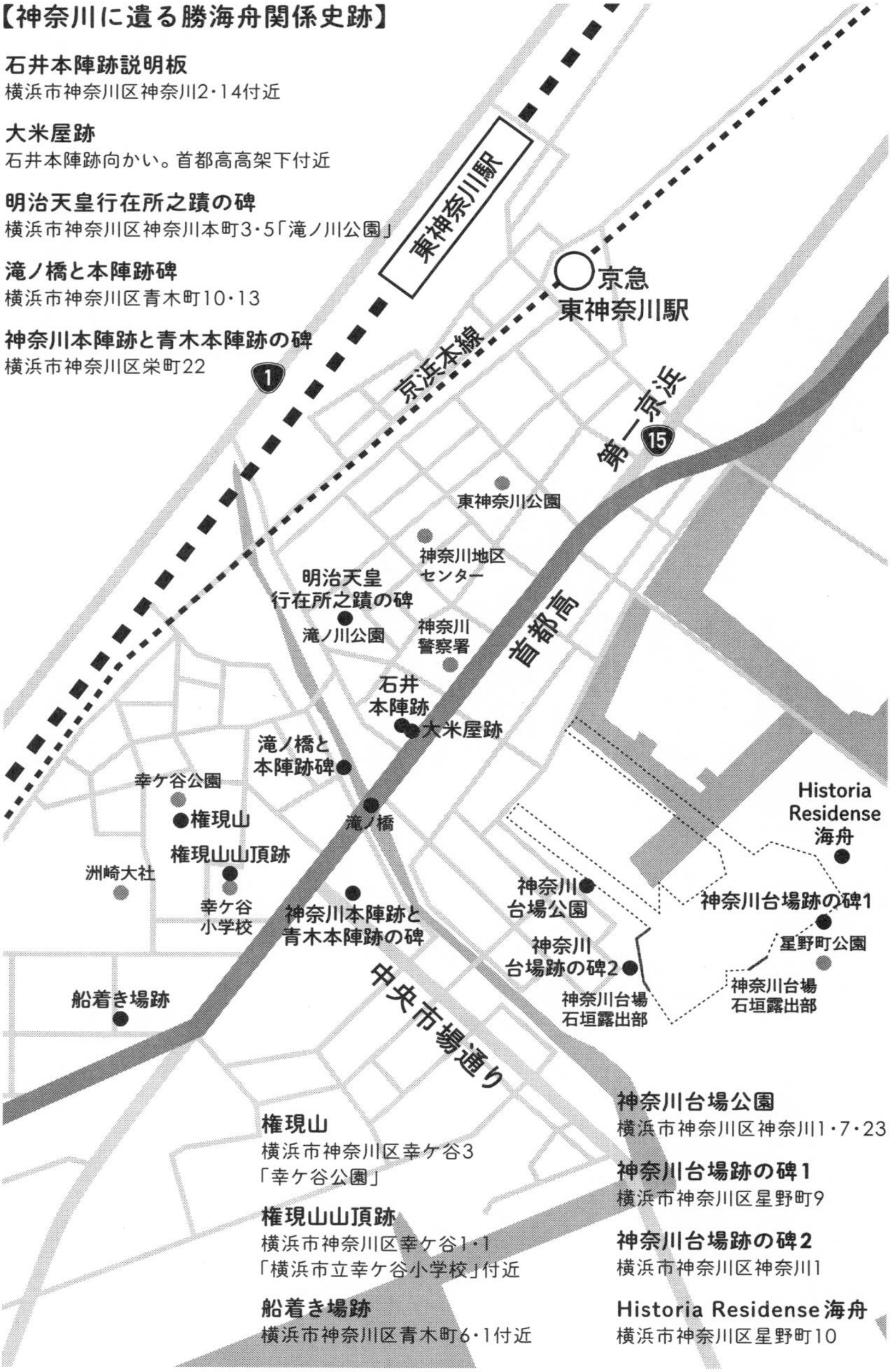

権現山
横浜市神奈川区幸ケ谷3
「幸ケ谷公園」

権現山山頂跡
横浜市神奈川区幸ケ谷1・1
「横浜市立幸ケ谷小学校」付近

船着き場跡
横浜市神奈川区青木町6・1付近

神奈川台場公園
横浜市神奈川区神奈川1・7・23

神奈川台場跡の碑1
横浜市神奈川区星野町9

神奈川台場跡の碑2
横浜市神奈川区神奈川1

Historia Residense海舟
横浜市神奈川区星野町10

天保十五年『細見神奈川絵図』（神奈川県立歴史博物館蔵）

下田屋

神奈川宿に設けられた二つの関門。イギリス総領事のオールコックらが警備のため、幕府に要請して設置された。
（J·ポール·ゲティ美術館蔵）

安政六年に撮影された神奈川宿台町のから遠望。東海道の町並みが写されている。（J·ポール·ゲティ美術館蔵）

【其之四】

横浜

外交交渉などで
幾度も足を運んだ開国の街

YOKOHAMA

開港前の横浜付近を測量

ペリーが開国を求めて来航し、嘉永七年（一八五四）の二月十日、横浜で日米会談がはじまった。三月三日に日米和親条約が調印され、以後、横浜の地は瞬く間に異国情緒漂う開港の街へと変化を遂げていった。

条約調印の翌年である安政二年（一八五五）一月、海舟は蘭書翻訳勤務を命ぜられ、同月、伊勢海岸及び大坂近海の海防対策を検分すべく、江戸を発った。江戸に戻ったのは四月三日で、同年九月には長崎海軍伝習所に派遣されるのだが、その間に、横浜周辺の調査測量を行った可能性がある。

現在、慶應義塾図書館には海舟の自筆署名がある横浜周辺の地図が収蔵されている。「安政二卯年四五月中実測横浜金川砲台建築ニ付出張取調之実測地図」との図題と勝麟太郎の署名書き込みがあることから、海舟が神奈川台場を建設するにあたり、安政二年の四・五月に周辺を実測調査し、自筆で描いた測量地図だと見られる。開港前の横浜の様子が分かる貴重な地図だ。

ところがこの地図にはいくつかの疑問点が指摘されている。

まず地図の右下に描かれている神奈川台場だ。神奈川台場は前章で記した通り、海舟の設計によるものだが、海舟にその打診があったのは、早くても安政五年（一八五八）の末であったと見られている。長崎の海軍伝習所にいた海舟へ、江戸の外国奉行・水野忠徳から打診の手紙が届けられている。翌年、海舟が江戸に戻ってからも、水野からの念押しの手紙があり、安政六年（一八五九）の六月二十日に工事が着工となった。

以上の経緯から、安政二年にこの測量地図を作ったのでは辻褄が合わない。

考えられる点としては、台場を設計するにあたり、その候補地を安政二年作成の地図に書き加えたという

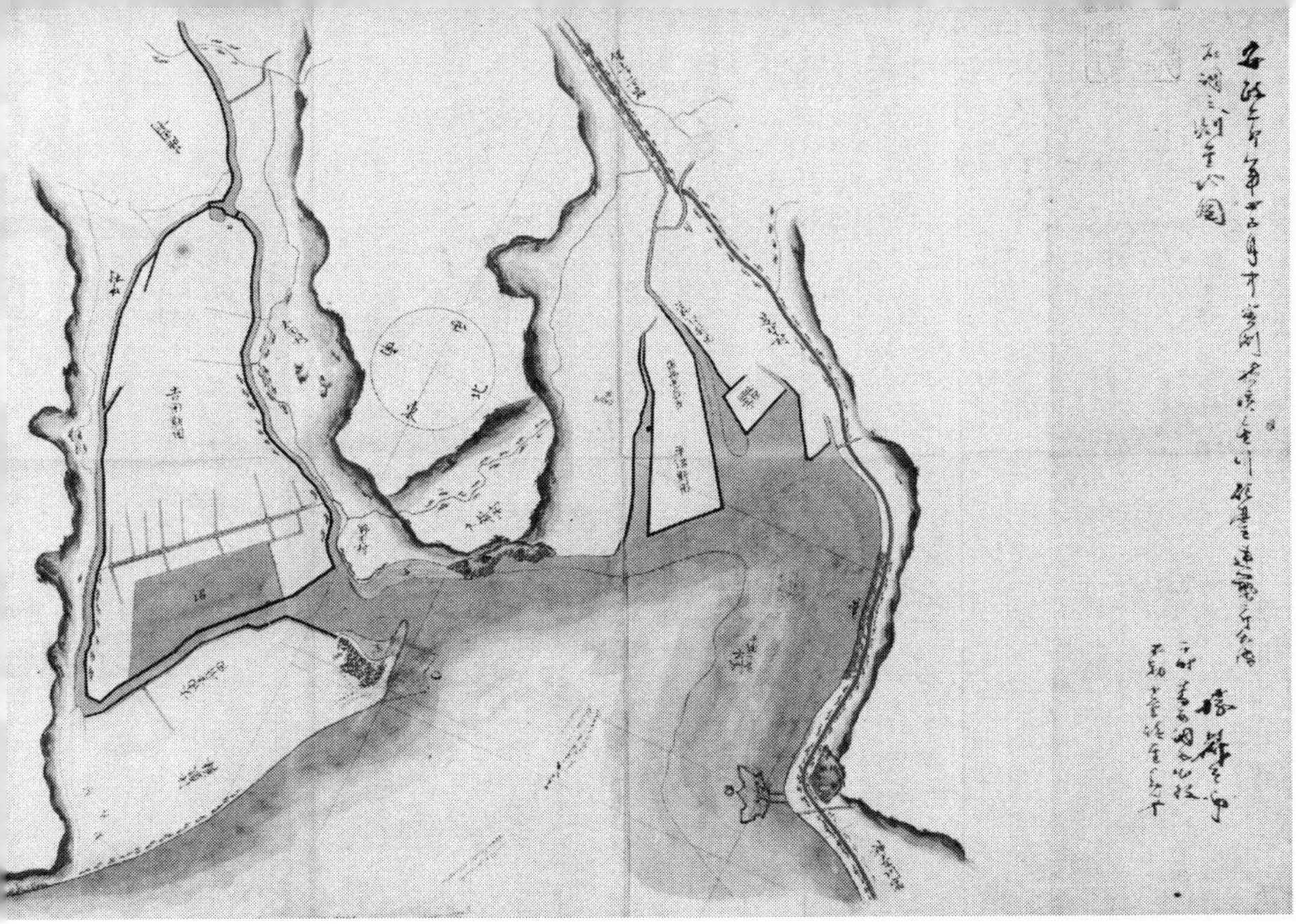

右側に海舟自筆の署名がある『安政二卯年四五月中実測横浜金川砲台建築ニ付出張取調之実測地図』（慶應義塾図書館蔵）。地図右下には神奈川台場が描かれている。

事であろうか。

ただし「安政二卯年四五月中実測横浜金川砲台建築ニ付出張取調之実測地図」にはもう一点、疑問が残る。実はこの地図には「神奈川より金沢まで沿岸図（横浜市歴史博物館寄託）」という酷似した絵図が存在しているのだ。吉崎雅規氏と神谷大介氏の論文『「〈神奈川より金沢まで沿岸図〉」について』によると、「神奈川より金沢まで沿岸図」は、海舟の実測地図より先に作成されたと見られている。安政四年の十一月から横浜が開港する安政六年六月の間に、開港地選定の過程において作製されたものとの見立てである。

よって海舟の署名がある実測地図は、「神奈川より金沢まで沿岸図」をベースに作成したと思われるが、そうなると、気になるのは「安政二卯年四五月中実測」との書き込みである。海舟が安政二年の四・五月に、横浜周辺の実測調査を行った可能性を完全に否定することはできないが、それを示す史料もなく、この辺りの詳細は断定できない。

横浜開港と佐藤与之助

安政五年、幕府はアメリカをはじめ、オランダ・ロシア・イギリス・フランスの五カ国と修好通商条約を結んだ。これにより、すでに開港されていた下田・箱館に加えて、神奈川・長崎・新潟・兵庫が開港地に定められた。神奈川とあるように実は当時、開港地とされていたのは神奈川宿のある神奈川湊であった。そのため安政六年の中頃から来日してきた各国の公使や領事らは、神奈川宿の寺院をそれぞれ領事館とした。アメリカ領事館となった本覚寺など現在、当地には史跡を示す石柱が建立されており、その面影が確認できる。

ただし幕府は神奈川宿ではなく、横浜の地を開港地とすることを、半ば強引に取り決めた。東海道に面した交通の要衝である神奈川を開港地とすれば、外国人との間にトラブルが頻出することは容易に想像できた。一方、当時「陸の孤島」であった横浜は取り締まりが容易であったことに加え、水深が深く大型船の碇泊地としても優れていた。

実はこの横浜開港を提唱したのは海舟の一番弟子で当時、蘭書翻訳掛を務めていた佐藤与之助であったという説がある。与之助の意見を海舟が大老・井伊直弼に提議し、採用されたというものだ。

根拠は与之助が親友である眞島雄之助に送った手紙にあるようだ。だが、この手紙には日付がなく、また海舟が横浜開港を建言したという史料が、現時点で海舟側からも幕府側からも見当たらないことから、この手紙のみを根拠に、与之助が横浜開港を提唱したという説には、疑問も呈されている。

神奈川の本覚寺。山門前にはアメリカ領事館跡を示す碑が建つ。

海舟の一番弟子であった佐藤与之助。（酒田市教育委員会 図書館 光丘文庫蔵）

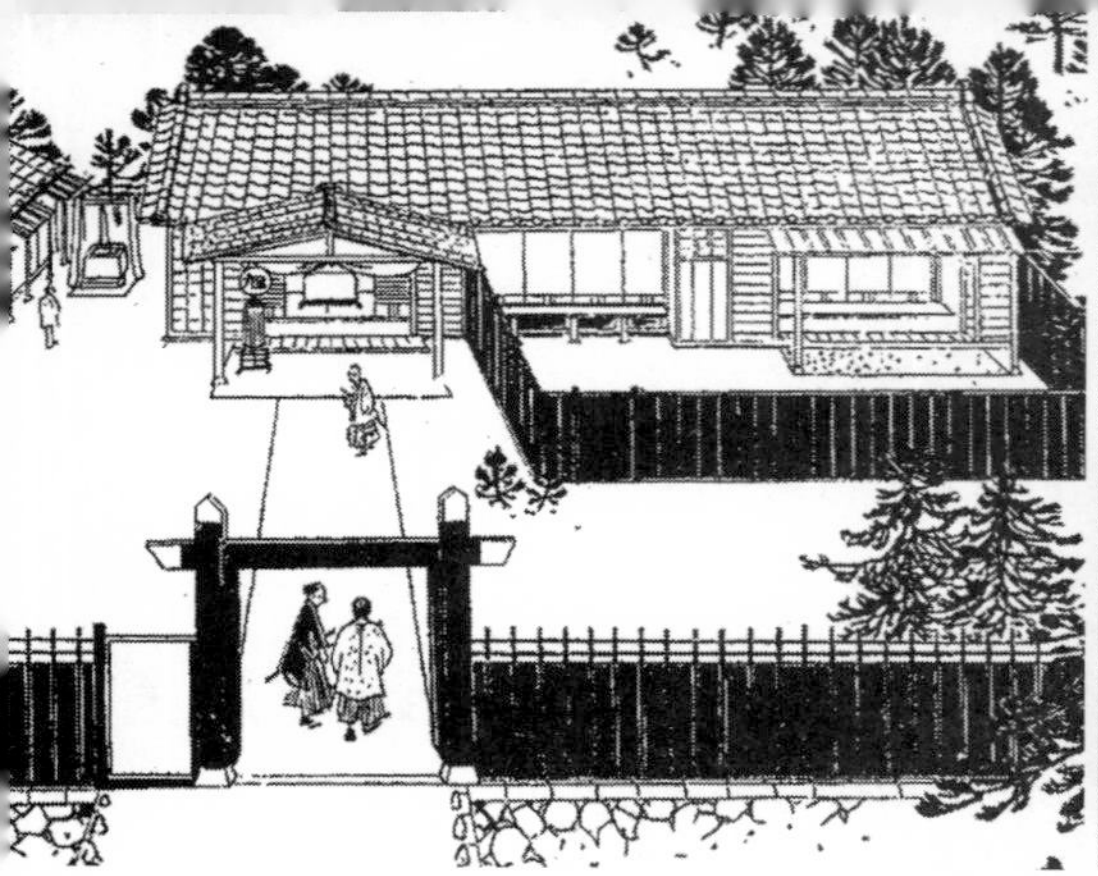

『開国五十年史』に描かれた戸部の神奈川奉行役所。海舟はここで神奈川奉行の竹本正雅と、蒸気船の購入について相談した。現在、「神奈川県立青少年センター」の地には史跡を示す石碑（写真右）が建立されている。

各国公使からの横浜開港反対

だが横浜を開港地とする事に、各国公使たちは猛反対の姿勢を示した。江戸に近く、経済的にも発展した宿場町の神奈川宿に対し、当時の横浜村は人煙希薄の「陸の孤島」。外国公使団は、そのような場所に開港場を設けようとする幕府に、「外国人を隔離することによって貿易の発展を妨げようとしている」、「横浜を『出島』化しようとしている」と、猛反対したのである。

それでも幕府は安政六年三月、横浜に開港場の建設を決定し、その準備を着々と進めていった。そして港内には長さ六〇間（約一〇九メートル）の波止場がを本設置し、ついに六月二日、横浜が開港されるに至った。

また開港に伴い、神奈川奉行が創設されることとなり、安政六年六月四日、外国奉行の酒井忠行・水野忠徳・村垣範正・堀利熙《としひろ》・加藤則著《のりあき》に神奈川奉行の兼任が命ぜられた。

神奈川奉行は現在の「神奈川県立青少年センター」の地に戸部役所を置き、政務を執り行った。さらに開港場の波止場前、現在の神奈川県庁の地には運上所も設置して、外交や貿易の業務がなされた。

ただし各国の領事たちは横浜の開港を未だ認めず、神奈川宿から動かなかったばかりか、自国の商人達にも横浜に居住することを咎めていた。

ところが次第に日本人商人も数多く、横浜に集まるようになり、日本人街が形成されていく中で、イギリスのジャーディン・マセソン社が領事の警告を無視して、「英一番館」を開くなど、外国人商人たちは横浜での貿易を求める様になっていった。彼らは幕府が用意した仮家に居留し、開港より半年後には毎日、十二から十四隻の外国船が横浜港に停泊するようになっていった。

ちょうどこの頃、外国人居留地で大規模な火災が起きた。安政六年十二月のことだ。これをきっかけに外国人居留民たちは集会を開き、横浜を正式な開港場として認めるよう、領事らに交渉する旨が決定した。かくして請願は受け入れられ、横浜には本格的な居留地が設けられた。以後、横浜の地は開港の街として、急速な発展を遂げていくのである。

安政六年にベアトによって撮影された神奈川奉行所の役宅。（J・ポール・ゲティ美術館蔵）

順動丸の購入

海舟も幕末、船の購入などで幾度も横浜に足を運んでいる。

文久二年（一八六二）九月十日には将軍上洛に使用する蒸気船を購入すべく、雨の中、馬で横浜に出張した。海舟の日記には「雨中馬上を以て神奈川に到る」と綴れている。

そして翌日の項に、「雨　戸部に到り、鎮台竹本江示談、即刻横浜会局に到り、英商之鉄船両隻を見る、一は新造、頗《すこぶ》る佳《か》なり」とある通り、神奈川奉行所の竹本正雅と相談し、横浜会局に移ってイギリスの蒸気船を視察した。「頗る佳なり」と、この蒸気船を気に入った海舟は、十二日に帰府し、翌十三日、幕府へ購入を言上した。

これが認められ、同十五日から連日、横浜へ出張する。日記の記載は次の通り。

十五日「御軍艦方召連れ、金川へ出張」、十六日「同所滞留、横浜へ掛合い往復数回す」、十七日「横浜会所へ出張。御買上げ船の義取極む」。

日記に散見される「横浜会局」や「横浜会所」とは、運上所の南側に設置されていた町会所のことであろうか。詳細はよく分からないが、あるいは運上所のことなのかも知れない。十七日は横浜会所で蒸気船購入について相談し、イギリスのコンシェルに取り次いでもらった。

海舟が購入を求めたのはジンキーというイギリスの商船である。試乗に手付金五千ドルを求めたコンシェルに対して海舟は、自身の責任でこれを承認すると、翌十八日に試乗。当日の日記に「鉄船運転す、機関甚た良なり、ゆえに弥　御買上に決す」とあり、購入を決めた。

ただしコンシェルは、売却の前に一度、上海に航海したいと言い出した。海舟は外国商人のわがままに嘆息しつつも、これを認めた。

翌日、登城した海舟は、ジンキーを購入する旨を言上した。実はこの時海舟は、折角、上海まで航海するのであれば勉強のため、軍艦組から四人ばかりをジンキーに乗船させてもらう話を取り付けていた。だが、この乗船は四人の到着が出帆に数分遅れたために叶わなかった。海舟は二十日の日記に「彼地出帆の時に違ふ処わつかに三、四分時、彼地の奉行、若此迅速にして万事不都合を思ハヽ、彼か船の出帆半時を止めむに豈難きことあらんや、然るを英商の専に任せて顧ミす、悠々過時を以て怠を我か輩に帰せしむ、何事の事そ」

現在の町会所跡。文久二年九月に海舟が蒸気船購入のため、相談を重ねたのは、この町会所であっただろうか。町会所は運上所の南側、現在の加賀町警察署本町交番の位置にあったが、明治七年に現在、横浜市開港記念会館が建つ地に新築·移転された。

『開国五十年史』に描かれた運上所(写真上)。　関税と外交事務を執り行った運上所は、慶応四年に焼失し、翌年に再建されると横浜役所となった。維新後は新政府に移管され、明治五年、横浜税関と改められた。現在、日本大通りと海岸通りが交差する神奈川県庁本庁舎の一角に運上所跡を示す碑と説明板(写真下)が設置されている。

と綴っており、僅か半時も外国商人を待たせることができなかったことに憤慨した。

そして十月十二日、海舟は咸臨丸に一泊し、翌日、神奈川へ出航して、上海より戻ったジンキーを受けとった。これが後に海舟が指揮することとなる順動丸である。またこの日、海舟はイギリス人商人が所有していた鉄船、鯉魚門を一見している。この鯉魚門も後に、幕府が購入することとなる。

翔鶴丸の購入

生麦事件などの影響もあり、結局将軍の上洛は陸路となったが、帰りは海路が採用された。海舟はジンキー改め順動丸を指揮して、将軍家茂を江戸へ運んだ。

そして文久三年（一八六三）の末、再び将軍が上洛することとなり、今度は海舟の強く望んだ海路上洛が決まった。しかも将軍が各藩の軍艦を従えた、艦隊による上洛である。

そこで海舟は将軍が乗船する新しい蒸気船を購入すべく、横浜に足を運ぶこととなった。

十一月十三日、若年寄の田沼意尊、及び稲葉正巳より、買い上げの船を見分するよう命ぜられた海舟は翌日、小舟にて神奈川へ行き、運上所に入った。そしてこの日は神奈川本陣に宿泊した。

翌十五日の海舟の日記を見ると「運上所より、英医シーメンヅ方江行き、塗油弁画料を買揚を取極む」とある。塗油弁画料とは、そのまま読めば画材のようだが、どのような事情で買い求めたのか、詳細はよく分からない。

またここにある英医シーメンヅとは、アメリカ人医師のシモンズではないだろうか。

シモンズは派遣宣教師として安政六年（一八五九）の十一月に来日した。神奈川宿の成仏寺に住むヘボン

デュアン・B・シモンズ（写真右／『横浜市史稿 政治編三』横浜市編）。海舟が訪れたと思われるシモンズの屋敷は居留地の八十二番地にあった。華僑基督教会のある一帯がその跡地で、現在の住所も八十二番地となっている。

に迎えられ、近隣の宗興寺に居を定めたが、翌万延元年（一八六〇）の秋に宣教師を辞し、医師として開業すべく横浜の居留地に移った。当初は、ともに来日したフランシス・ホールと、「アメリカ一番」と呼ばれた地に住んだ。ホールは後にトーマス・ウォルシュと組み、同地にウォルシュ・ホール商会を設立した。トーマスは海舟の長男・小鹿の留学を世話した人物で、海舟もウォルシュ・ホール商会に足を運んでいる。

一方、シモンズは文久二年の五月までには八十二番地、現在の「華僑基督教会」や「徳永ビル」の辺り（中区山下町八十二・八付近）に医院を開業し、ここに住んだ。海舟が訪れたのはこの屋敷であろう。

海舟はシーメンツを訪ねた後、エード、並びにフーキントという鉄船を見分した。運上所に戻ると神奈川奉行に面談し、神奈川宿へ帰ったことが日記に綴られている。田沼意尊・稲葉正巳の二人が出張しており、応接したようだ。ただしこの日、江戸城で火事があり、海舟も城へ戻ることとなった。これを理由に上洛の延期も危ぶまれたが、その心配は杞憂に終わった。

さらに二十日、大島友之允《とものじょう》より神奈川にヤンツー号（揚子江号）が来航することを聞いた海舟は視察の上、買い揚げる旨を老中水野忠精に言上した。これが認められると二十四日、押送船にて神奈川へ出張。一泊の後、翌二十五日は運上所へ行って直ちにヤンツー号を視察した。そして翌日、試運転することが決まった。

またこの日、若年寄の稲葉正巳と立花種恭が横浜に出張しており、海舟は拝謁してヤンツー号の件を話した。

キングドンとの交渉

二十六日は朝から半日かけてヤンツー号を試運転した。海舟はこれを気に入り日記に「機関造製甚た可也」と綴っている。そして購入を決め、イギリス商人N・P・キングドンとの交渉をはじめた。

キングドンはちょうどこの年、デント商会の代理人として横浜に来日した商人である。後に浮世絵師初代歌川国鶴の娘・ムラと国際結婚したことでも知られる。デント商会（英二番館）は当時、ジャーディン・マセソン社と並ぶ英国の大商会で、居留地四番・五番の地にあった。現在の神奈川県民ホール北東側辺りがその跡地にあたる。

キングドンははじめ、海舟に十七万五千ドルを提示したようだ。また十五万ドルで購入を希望している者もいると話した。

海舟は仲介人の手数料や運上所は関係せず、直ちに購入するからと交渉し、十四万五千ドルでの購入に成功した。そしてドルの為替など、運上所での手続きを願う旨、勘定奉行へ申し遣わした。

立花種恭（『女子学習院五十年史』女子学習院）

キングドン（写真右／横浜開港資料館蔵）。海舟がヤンツー号購入の交渉を重ねたキングドンのデント商会は居留地四番・五番の地にあった。当時の居留地の地番は、現在の山下町の地番にほぼそのまま踏襲されているのだが、デント商会のあった四番、五番の地番は存在していない。現在の三番地にあたる神奈川県立県民ホールの北東部分辺りがデント商会の跡地にあたる。

横浜遊歩

　無事、蒸気船の購入を取り付けた海舟は翌日、ヤンツー号を少し運転し、乗組の英国人に操作の事などを質問した。

　その後は横浜の町を散歩したようだ。海舟は外国人の立派な住居を見るに、政府の無策を想い、日記には次のように記している。

「此処の外国居家、皆広大、一家大抵五千両に下らす、聞く、今此所にて一ドルの価、我三十五匁二・三分、外国のコンシュル并《ならび》諸役軍乗組之士官等、運上所にて我か貨幣と引替ゆる時は、旧約によつて三歩宛なり、此故に、彼官吏等此引替えにて一弗一歩方銀の利益あり、大抵上官なと唯銀幣引替えにて一ヶ年得る処の利、二、三万ドルに到る。爰を以て、其居家の如き、此利益にて足る、我か政府如此の事を改正する能ハす、区々として私利を得らる、歎息すへし。」

　貨幣の引き換えを行うのみで、外国人に利益が得られる現状に対し、これを改正することすら出来ない幕府を歎いている。

ともあれ翌二十八日、運上所に勘定奉行からの購入許可が届き、その翌日には英国商館、おそらくデント商会で洋銀を支払った。そして翌十二月朔日、海舟はヤンツー号に乗って江戸に戻ると登営し、購入の転末を報告した。

ヤンツー号は翔鶴丸と命名され、これが将軍上洛の旗艦となった。もちろん指揮するのは海舟である。

さらに軍艦購入のため出張

海舟はヤンツー号改、翔鶴丸を購入した後も、将軍上洛までの短い間に、さらに蒸気船の購入のため横浜に出張している。

文久三年十二月十五日、登営した海舟は横浜に来航していた英国船を視察するよう命ぜられ、翌日、押送船にて神奈川へ出張した。

十七日、ショリーンなる英国船を視察したが、将軍の艦隊上洛があるのを知ってか、外国商人達は価格を

ちょうど海舟が遊歩した文久3年に写された居留地の写真。野毛山から撮影されている。
（J・ポール・ゲティ美術館蔵）

倍につり上げてきた。海舟は日記に「当節　御船行之令あるわ以て、外国商人好機とおもひ、船価日頃に倍す、対談尤狡猾」と綴っている。

十八日は米国の蒸気船フーキン（北京）が来航し、海舟は日記に「此船殊ニ美麗、船価廿八万ドルと云」と綴った。フーキンを気に入った海舟は翌日、これを視察。二十日に江戸に戻ると、二十一日に登営してこの購入を相談したが、保留となった。結局、二十三日、フーキンの購入は見合わすとの命が閣老より発せられ、今回の購入は成らなかった。

海舟が翔鶴丸を指揮し、将軍家茂らと海路上洛するのは、この五日後のことである。

オランダ総領事・ポルスブルックとの再開

元治元年（一八六四）五月二十日、将軍海路上洛の任を無事に終え、往路と同じく翔鶴丸を指揮して、帰府した海舟はその五日後、老中・板倉勝静より神奈川への出張を命ぜられた。長州藩の攘夷決行に対する英米仏蘭四ヵ国の報復攻撃が危ぶまれる中、その状況を確認するためである。海舟は英蘭の動静を探るべく、オランダ総領事のファン・ポルスブルックに面会を求めた。

実はこの二ヶ月前、海舟は既に長崎の地でポルスブルックと会見している。再上洛中であった海舟は、門下の坂本龍馬らとともに長崎まで出張し、下関攻撃の中止をポルスブルックに交渉したのだ。この時、海舟は「長州が行った関門海峡封鎖のような事態を、日本側で解決できるなら、下関への攻撃は再考する猶予が二ヶ月間ある」との話を取り付けていた。

ところが海舟が長崎から京へ戻ってみると、参与会議の崩壊によって期待された開国路線は失敗。情勢は攘夷へと傾いており、もはや海舟がポルスブルックと交渉した「日本側による解決」は困難であった。

そんな状況において、外国勢の様子を探るべく、海舟は横浜に派遣されたのである。

五月二十六日、海舟は神奈川へ出張し、大米屋に一泊。

幕末のオランダ総領事館(写真左/横浜開港資料館蔵)。幕府はポルスブルックが神奈川宿から横浜に移ることで、各国の領事もそれに続くことを狙った。そのため、オランダ総領事館はポルスブルックの希望通りの設計で用意された。弁天社から続く西北の埋め立て地に設置され、現在の横浜第二合同庁舎とザ・タワー横浜北仲の中間付近がその跡地(写真右)にあたる。

ポルスブルック（長崎大学附属図書館蔵）

翌日、運上所に足を運んだ後、オランダ領事館のポルスブルックを訪ねた。オランダ領事館は文久元年（一八六一）の夏頃、弁天社続き西北の埋め立て地に設けられた。ポルスブルックが神奈川から横浜へ移転するにあたり、幕府に条件付けて設計した領事館である。現在の横浜第二合同庁舎とザ・タワー横浜北仲の中間付近がその跡地にあたる。

ポルスブルックは訪ね来た海舟に「ちょうど軍艦メタールコロイスが来航しているので、何でも質問すればいい」と、キャプテンのデマンを紹介した。午後、デマンと会った海舟は最新式の砲台や大銃について質問した。デマンは最新式の大銃がメタールコロイスに積んでいるので、明日実際に見せてやると約束した。

ただしポルスブルックは海舟に、厳しい意見も突きつけた。

「長州への報復における猶予期限は既に過ぎ、軍艦アムステルダムも二・三日の内に来航する。オランダは英・仏と連携し、幕府の処置を見極めた上で軍事攻撃に出ようと思う。近頃、鎖港についての談判を蒸し返すとの風聞もあるが、そのような事は国際的にも礼節信義を知らざる輩のする事です。各国とも黙っていないでしょう。」

数ヶ月前に長崎で交渉した海舟にとって、ポルスブルックの言葉は耳に痛く、長州への攻撃は目前に迫っていた。

メタールコロイスに乗船

翌日、海舟は約束していた軍艦メタールコロイスを見学した。ポルスブルックも同道し、大銃などについて尋ねた。

午後はポルスブルックに招かれ、屋敷で昼食をご馳走になった。明治四十二年刊行の『横浜開港五十年史』（横浜商業会議所）によると文久二年三月、幕府は現在（明治四十二年当時）の北仲通六丁目七十七に「オランダ長官事務所」を建築し、オランダ側に貸与したとある。これがポルスブルックの住居屋敷であろうか。明確な場所の特定は難しいが、現在のタイムズみなとみらい第2駐車場の付近が北仲通六丁目にあたる。

この日のポルスブルックの歓迎に海舟は「頗る懇切、雑談数刻」と日記に綴っている。

文久二年に幕府が設けたオランダ長官事務所は、現在の「タイムズみなとみらい第2駐車場」周辺にあったと思われる。ここがポルスブルックの屋敷であろうか。

ポルスブルックは幕府から届いた書簡を取り出すと、「貴国の手紙は、言葉は多いが内容に乏しく、翻訳も困難なため本意が掴みにくい。先日も老中と若年寄が長州問題について質問に来られたが、当方は攻撃の日をまだ決めていません。我々は順々とこれまでの過程を幕府に顧みさせ、その不信を責めるのがよいと考えるが、いかがか」と海舟に問うた。

また「すでに英国の軍艦インランヂへセーが下関での一戦を決め、仏・蘭その他もこれに同調する事になるでしょう」と話し、さらに次のような風説を海舟に伝えた。

「長州への報復は名目で、イギリスがしきりに兵を集めているのは、来年六月の条約期限を見越し、行われるであろう鎖港談判を無きものにするため、その兵勢を示しているのだという説がある。そのためイギリス公使は一度も厳重な抗議など行わず、ただただ兵を集めており、これにかかる莫大な軍艦費用は、日本から取るつもりである。また瀬戸内海に英仏蘭の軍艦を常設し、その費用についても幕府から出費させようという相談もある。」

海舟はポルスブルックの意見に対し、「此諸説当たらずといへとも遠からず」と、その危機感を自身の日記に綴っている。幕府が長州への処置を速やかに行い、外国軍艦が通行しても発砲などなければ、イギリスは大いに失望するのではないだろうか。こちらが発砲しなければ、彼らは賠償金を取ることができない。「彼が集兵の費用、何を以て我より得んとする哉。」と記した。

英国海軍を視察

翌日二十九日、海舟は運上所へ足を運んだ。この日の日記には「明日ゾンタラ、明後日英之アドミラール江行くを約す」とある。ゾンタラとはオランダ語のゾンターク(Zondag)、つまり日曜日である。日本語のどんたくの語源としても知られる。よって翌日は海舟も休み、六月一日に英国の軍艦ユーライアラス号を訪ね、艦長のアレキサンダー大佐と面会した。ユーライアラスは薩英戦争にも参加した軍艦だ。

海舟はアレキサンダー大佐と軍艦のことなどについて話し、アームストロング砲による調練を見学し

『Illustrated London News』に掲載された薩英戦争の様子。鹿児島を砲撃するユーライアラスが描かれている。

た。日記には「皆習熟、一々感服するに堪へたり」と感嘆した様子を綴っている。

以上のように、この度の出張は諸外国の力を見せつけられ、幕府の内情に暗澹たる想いを抱かせるものとなった。海舟は二日に帰府すると、翌日登営して、その実情を報告した。ところが政事総裁職の松平直克は鎖港論を譲らず、海舟は落胆するしかなかった。

なお、この約二ヶ月後、八月五日に連合艦隊による下関攻撃が行われ、海舟が視察したユーライアラスが計十七隻の四カ国艦隊を率いる旗艦となった。

松平直克
(『従嘉永元年至明治二十三年期間戦亡殉難志士人名録』史談会編)

海舟の召喚

一方、海舟は六月二十日より再び上方へ移った。八月十二日には姫島(大分県)へ出張し、外国艦隊と攻撃中止の交渉を行うよう、大目付の永井尚志、及び目付・戸川安愛から依頼された。これを受けた海舟は八月十四日に姫島へ到着するが、艦隊の姿はなく、既に長州が敗れた情報を得て、むなしく神戸に戻った。

その後、海舟は自身の塾生が池田屋事件に関与していたことなどが原因し、十月二十二日に江戸への帰還を命ぜられた。そして十一月十日、軍艦奉行を罷免され、慶応二年（一八六六）の五月二十八日に再任となるまで、約二十ヶ月に及んで閑居生活を余儀なくされた。

横浜仏語伝習所を見学

慶応二年十二月五日の『海舟日記』に、幕府がイギリスより購入した軍艦・長鯨丸が、横浜本牧の洲で乗り上げた旨が記されている。これに対処すべく海舟は九日、翔鶴丸に乗りこみ、横浜へ出張した。翌日、横浜に上陸すると、この日は語学所と製鉄所を見学した。

語学所とは横浜仏語伝習所のことで、元治二年（一八六五）三月に開校された。

勘定奉行の小栗忠順、及び外国奉行の栗本鋤雲らは、フランスとの連携を密にし、その協力の下、フランス軍事顧問団の招聘や横須賀製鉄所の設置計画を進めていた。それに先立ち、フランス語に通じた人材を育成するため設けられたのが横浜仏語伝習所である。

『ジャパンパンチ』に描かれた横浜仏語伝習所のポンチ絵。

当初は太田村陣屋に開校されたが、間もなく弁天通一丁目、弁天社の北隣に校舎が設けられた。現在の横浜市中区本町六丁目、さくらみらい橋手前の横浜市役所周辺がその跡地にあたる。

実は海舟の長男・小鹿もわずかな期間であるが、ここで学んでいる。

慶応二年八月、海舟は幕府のイギリス留学生に小鹿と次男・四郎の参加を希望したが認められず、その憤りを以下のように日記に綴った。

「江戸にて英国へ伝習十三、四人程、命ぜられたり。小拙が倅、兼て頼み置きしが、その試にも御達しこれなく、況ん哉、御選抜の事、誰人も申す者なしと云う。是その上官、我を忌み憚《はばか》りて、斯くの如し。真に悪むべきの甚だしきなり。若し一朝出勤せば、自分入用を以て、留学成さしめむも、豈難からむ哉。実に小吏の情態、婦人の如く、聊《いささ》かも公平ならず。況んや大事に於ておや」。

そこで小鹿を自費で留学させることに決め、慶應三年（一八六七）の二月に承認が得られた。そして出立までの間、横浜仏語伝習所で小鹿を学ばせたのである。

『海舟日記』の二月二十二日に「小鹿、横浜語学へ入塾相願い、但し米行き前、両三ヶ月なり。」とあり、さらに貼り付けられた別紙には、次のようにある。

伝習所は当時、弁天社があった北隣に設けられた。現在の横浜市役所付近がその跡地にあたる。

「覚
私枠小鹿儀、米利堅固へ留学、御用済み相成り居り候処、未だ便船等も御座無く候につき、便船御座候内迄両三ヶ月程、横浜表に於て、語学所英語伝習相願い度く存じ奉り候。依て此段願入り奉り候
二月廿三日　勝　安房守」

横浜仏語伝習所における小鹿の詳細は明らかでないが、海舟の七月十一日の日記には、「小鹿、米利堅国へ留学の為、遣わすにつき、横浜迄、出立」とあり、続いて七月二十五日「本日、金川よりコルラード出帆。小鹿、美里堅へ行く。昨夜の便にて。云う。英公司、ガラルオルスより頼まれたる由にて、小鹿、華盛頓（ワシントン）迄同行すと聞く。これにより万事、大都合と成る。」と、小鹿が無事、アメリカへと旅立ったことが綴られている。

横浜製鉄所跡。現在、吉浜町一番の跡地には説明板が設置されている。

横浜製鉄所の視察

話は慶応二年十二月十日に戻る。

横浜仏語伝習所を視察した海舟は、続いて横浜製鉄所に足を運んだ。横浜製鉄は慶応元年（一八六五）八月二十四日に横浜石川口に竣工された。現在の吉浜町、その跡地には説明板が設置され

ベアトの撮影による横浜製鉄所。（横浜開港資料館蔵）

ている。

名前は製鉄所であるが、船舶の修理から造船に必要な器具などを製造する機関で、フランス人技師団によって運営がなされた。

海舟は横浜仏語伝習所と横浜製鉄所を視察し、その翌日十一日、本牧で長鯨丸の引き出しを指揮した。日記には「トロス切れて船、少動す」、翌十二日「長鯨、自ら洲を出ず」とあり救出に成功。翌日は浦賀に出かけ、富士山丸と朝陽丸を検分した。

開陽丸到着

慶応三年三月五日、海舟は海軍伝習掛を命ぜられた。世界最新鋭の軍艦・開陽丸が百五十日の航海を経て、横浜へ到着したのは、同月二十六日のことであった。

開陽丸は文久二年に幕府がオランダに発注した軍艦で、これに伴い榎本武揚や澤太郎左衛門らが留学生として派遣された。慶応二年の八月に完成し、海軍大尉ディ

明治時代の本牧十二天の海岸。（アムステルダム国立美術館蔵）

ノーの指揮の下、榎本らを乗せてこの度、日本に到着した。

慶応三年三月二十七日の『海舟日記』には「昨夜、開陽船、和蘭より横浜へ帰着。内田恒次郎、本日登営」と綴られている。日記によると海舟は二日後の二十九日、横浜へ出張したようだ。「開陽船着につき、尋問として横浜へ出張」とある。

また翌月十日は海軍奉行の大関増裕《ますひろ》と海軍奉行並の織田信愛《のぶよし》が開陽丸尋問のため神奈川に出張し、海舟もこれに同行した。

織田信愛（『幕末・明治・大正回顧八十年史 第六輯』東洋文化協会）

米国公使を訪ねる

翌日十一日、海舟は長男・小鹿のアメリカ留学をよろ

慶応三年九月二十二日に江戸の濱離宮で撮影された記念写真。後列左端に立っているのがファンケンブルグ。並んで隣に立っているのが海舟である。（横浜開港資料館蔵）

山手二十七番地の米国公使公邸。ファンケンブルグはこの日本風の建物に住んだ。(横浜開港資料館蔵)

ファンケンブルグの公邸は、現在の湘南医療大学横浜山手キャンパスの建物西側付近にあった。

大火で焼失するまでアメリカ公使館は、日本大通沿いの横浜法務合同庁舎、及び別館の辺りにあった。

しく頼むべく米国公使を訪ね、十二日に帰府した。当時の公使はファルケンブルグである。米国公使館は運上所から道を挟んだ向かい側、現在の日本大通沿い横浜法務合同庁舎、及び別館の辺りにあった。

ただし前年十一月、「豚屋火事」と呼ばれる大火により横浜の日本人町、三分の一と外国人居留地の四分の一が灰燼に帰した。英国書記官のアーネスト・サトウは「途方もない大きな火の粉や、真っ赤に燃えた木片などが、中間地帯の空き地を飛びこえて、アメリカ領事館を燃え上がらせ、ジャーデン・マゼソン会社の屋根に燃え移り、さらに居留区の二つの通りにそって燃え広がった。」とその様子を綴っている。

この大火により、外国公使団は幕府

その間に、再建計画を盛り込んだ「横浜居留地改造及び競馬場墓地等約書」を締結した。そして慶応三年、現在の山手地区が新たな外国人居留地として編入されるに至った。

アメリカの領事館は現在、アメリカ山公園がある山手九十七番地に予定されていたが、公使のファルケンブルグは山手二十七番地に自宅を構えた。現在の湘南医療大学横浜山手キャンパス付近がその跡地である。明確な建築時期が判然としないため断定はできないが、海舟がファルケンブルグを訪ねたのは、この場所であったと思われる。

長引いた開陽丸の受け取り

開陽丸を巡り、海舟は何度か神奈川まで出張したが、その受け取りには約二ヶ月の期間を有した。実はこの背景には、オランダ人士官の採用を巡るトラブルがあった。

慶応元年の十二月、アメリカより購入した富士山丸が回航されて来たのだが、南北戦争が終わったばかりのアメリカには、この新鋭艦の操縦を教授する余裕はなかった。そこで幕府はフランスにこれを頼み、慶應二年一月より伝習がはじめられた。ところが、これまでオランダ式を学んできた幕府海軍とは相性が悪く、結局中止となってしまった。

やむなく幕府は同年五月、イギリス公使のパークスに伝習を要請し、承認を得るに至るも、なかなかイギリスからの教官が派遣されないまま年が明け、そんな中に開陽丸が到着したのである。幕府はこの世界最新鋭の軍艦・開陽丸を率いてきたオランダ人士官を、教師として雇い入れることを決めた。その交渉がいささか長引いたため、開陽丸の引き渡しに時間がかかったのだ。加えてオランダ総領事のファン・ポルスブルックが徳川慶喜に拝謁するため、大坂へ行っていたことも、引き渡しが遅れた要因であったようだ。

このオランダ人教師採用に奔走したのも海舟である。

四月十八日、海舟は大坂より戻ったポルスブルックと直接交渉すべく、神奈川へ出張した。翌十九日にポルスブルックを訪ねた旨が『海舟日記』に「ポルス氏を問う。并にコンシュル、ハンデルタック氏へ跡金（残金）の事、談判。且、ヂナウその他士官御雇入れの事、談判」と綴られている。

海舟は翌日帰府。その後、二十二日の夜に、ポルスブルックより給与に関する手紙が届けられた。ポルスブルックの要求は一等士官のディナウが月六百ドル、二等士官コーニングが五百ドルと莫大で、海舟は値下げ交渉に尽力した。

そしてようやく交渉がまとまり、開陽丸引き渡しの

開陽丸（regionaal archief dordrecht）

式典は、五月二十日と決まった。海舟も式のため、十八日に神奈川へ出張した。

ところがこの日の夕方。江戸のポルスブルックから、受け渡しに不都合がある旨、連絡があった。急いで引き返した海舟は、江戸のオランダ公使宿館である長応寺に向かい、ポルスブルックの誤解を解いた。海舟は日記に「ポルスの旅館長応寺へ着、対話。皆、誤解ゆえ、悉く氷解す」と綴っている。

この誤解とは何であったか。おそらく、翌十九日になって海舟が知る、パークスの件であろう。十九日の『海舟日記』に次のようにある。「英公使、河内殿へ罷り出で、蘭人御雇いの儀につき論あり。彼が邦、官吏、閉口と云う。夜十時、肥前〔永井肥前守〕の宅にてその転末を聞く。且、蘭人御雇いの事御断り及ぶべき旨、英公使へ返答これありと云う。」

つまりイギリス公使のパークスが、「海軍教師はイギリスから雇うはずであった」と激しく抗議してきたのである。幕府はすでにオランダの教師を断る旨、パークスに連絡したようだが、オランダ側はこれをまだ知らない。海舟は後日、オランダ・イギリス両公使館を行き交いして、その対応に追われることとなるのだが、何と言っても開陽丸引き渡しの式典は明日である。海舟はこの件を秘したまま、式典に出席したようだ。

開陽丸の艦上で行われた式典には海軍奉行並の織田信愛と海軍奉行である海舟、同じく木村喜毅が出席した。ポルスブルックの挨拶に信愛が答礼し、日本国旗が迎えられた。開陽丸から二十一発の礼砲が放たれた後、オランダ国旗が降ろされると、日本国旗が掲揚。神奈川台場からはオランダ国旗に対して、二十一発の礼砲が放たれた。こうして式典は華々しく終了した。

ちなみに海軍教師の件であるが、解決は簡単ではなかった。ついには海舟が特使としてオランダに渡る話まで出たが、六月十一日の長応寺における会談で、オランダに一年分の給料と往復の旅費を支払うことでまとまった。海舟はこの日の日記に「本日、蘭公使へ到り、過日より士官断《ことわり》の事、談判。大いに都合よく、大抵、落着す」と綴っている。

英国教師の到着とトーマス・ウォルシュ

慶応三年九月十二日、開陽丸が運転となり、稲葉正巳と大関増裕が出張した。海舟はこの日、千代田形で横須賀に移り、横須賀製鉄所の首長であるヴェルニーと面会した。

イギリスに依頼することとなった海軍教師らが横浜に来航したのは九月二十六日のことである。二十八日には教頭や士官も到着した。海舟は九月二十九日、その挨拶のため横浜へ出張し、この日はアメリカ人貿易商であるトーマス・ウォルシュを訪ねた。

ウォルシュの弟、ジョンはアメリカ初代長崎駐在領事を務めた人物である。来日したトーマスは、横浜の地でフランシス・ホールと組み、文久二年の四月にウォルシュ・ホール商会を設立した。「英一番」の異名をもつジャーディン・マセソン商会の隣、居留地二番に位置し、「亜米一番」とも呼ばれた。現在の産業貿易センタービ

ウォルシュ·ホール商会は現在の産業貿易センタービルの地にあった。

海岸通りの風景。一番右端に見えるのがウォルシュ・ホール商会。海舟は小鹿の留学に際し、トーマス・ウォルシュの世話になった。（ニューヨーク公共図書館蔵）

ルの地がその跡地にあたる。海舟がトーマスを訪ねたのも、ここであろう。

訪問の目的は二ヶ月前にアメリカへ留学した長男・小鹿の件である。小鹿の留学に際し、海舟はウォルシュやウォルシュ・ホール商会の番頭である松屋伊助の世話になっていた。ウォルシュはこの年、一度帰国するため、後のことは横浜リンドウ商会のリンドウ氏に託すという話であった。海舟はリンドウにも面会し、自身の日記には次のように綴った。

「教頭、尋問の為横浜へ出張。ワルス氏〔Thomas Walch〕を尋ぬ。同人云う。小鹿の事は懇意家ボストンの住人ホスベル氏へ委細頼み遣わし候旨、話これあり。且、カネハムと云う者、近々帰国につき、書翰届けべくと云う。一封を同人へ託す。ワルス氏、当年は一度帰国いたしべきなり。跡々、諸事はリンドウ氏引請け世話致すべき旨、申し聞る。リンドウ氏へも面会す」。

イカルス号事件について聞く

さらに海舟はこの日、英国書記官のアーネスト・サトウとも面会し、長崎におけるイカルス号水夫殺人事件について話をした。イギリス軍艦イカルス号の乗り組み水夫二人が七月六日の夜、何者かに殺害された事件である。この容疑が坂本龍馬の海援隊士に向けられていた。海援隊士には、神戸海軍操練所に付随した海舟の私塾に学んだ者も多く、海舟にとっても気にかかる事件であっただろう。

サトウとの話の詳細はよく分からないが、外国総奉行の平山敬忠《よしただ》から聞いていた話とは違っていたようで、日記に次のように綴っている。「英の書記官サトウ氏へ面会。同人云う。長崎にて英の水卒殺害人は慥かに分らず、平山氏と説、合わず。甚だ悪説なり。ゆえに帰り来り委細を閣老に説く、云々の密説を話す。」

ちなみに、この事件の犯人は維新後に、福岡藩士・金子才吉と判明している。

翌日、十月一日。海舟はイギリス海軍教師の教頭・トレーシー海軍中佐、及び士官のウィルソンと面会し、来着を祝した。彼らイギリス人教師らは十月六日に江戸へ移り、翌日には濱離宮にて饗応がなされた。これには海舟のほか松平春嶽や大関増裕らが出席した。

灯台見分におけるトラブルを解決

海軍教師をめぐる問題を解決に導いた海舟であるが、濱離宮での饗応の翌日、新たなトラブルが発生した。

十月八日、海舟は教頭来着が整ったことに対する挨拶のため、泉岳寺門前に設けられたイギリスの公使館、高輪接遇所へ出かけた。その夕方、イギリス公使のパークスから「灯台見分に使用する富士山丸において不都合が起きた」との連絡があり、横浜の公使館へ呼び出された。海舟の日記に次のようにある。

「今夕、火燈の事に付き、富士艦にて不都合これある趣、公使より嶽公へ申し立てこれあり。拙、同艦へ出張指揮すべき旨、英公使申し立る。同夜急速、金川へ出張。」

火燈とは灯台のことである。英・米・仏・蘭の四カ国は、長州藩の攘夷決行に対する下関攻撃で得た賠償金により、房総沖に灯台を建てることを提案した。その実地検分を行う富士山丸の艦上で問題が起こったようだ。艦長である肥田浜五郎の応接態度に、何らかの無礼があり、英米仏の提督たちを憤慨させたという。

そこで海舟は八日の夜、急いで神奈川の富士山丸まで出張した。

翌日九日の『海舟日記』には「英之通弁官ウエルキンソソ周旋　英艦バニリスケ、払（仏）郎西艦アメー、米艦□□□江尋問、不都合之取扱有之候挨拶として、甲比丹コモドール江逢接、即日、三国之武将富士艦江来り、部屋割幷食料之事共、相談済、肥田氏帰府、蟠龍船来着、即刻帰府」とある。

海舟はイギリスの通訳生・ウィルキンソンに周旋を頼み、英艦ハスリスの艦長ヒヲイト、米艦シャナド

富士山丸（『幕末軍艦咸臨丸』文倉平次郎編）

アの艦長ゴルドズバラ、仏艦アメイの艦長をそれぞれ訪ねて、彼らの怒りを鎮めた。
この時の様子を海舟は後年、『氷川清話』で次のように語っている。
「おれは直ぐに出て行つて、まづ費用を少しも惜しまず、第一等の御馳走を出し、その上に、自分でわざ〳〵彼らの船へ挨拶に行つたものだから、彼らもすこぶる満足して、早速おれの船へ来て答礼をした。それから、約束通り彼らとおれの船に会して、燈台設置の商議を遂げた」

現在の駐横浜大韓民国総領事館から道を隔てた南側にイギリス公使館はあった。

海舟の語るところによると、この夜、三国の艦長は海舟の富士山丸へ泊まると言ってきたらしい。ところが富士山丸には上等な寝室が二つしか無かった。各国の艦長は同等に扱う必要があり、海舟は彼らに事情を説明すると、自分は下士官の部屋で寝るので部屋を使ってくれと話した。この姿に、各国の艦長たちはすっかり感心し、「ご心配には及ばぬものを」と海舟の厚意を謝して、富士山丸を下りたという。

翌日も海舟はイギリスの軍艦と横浜公使館を訪ね、この度の一件を詫びた。イギリスの公使館はこの前年、慶応二年の二月頃に建設がはじめられ、慶応三年九月頃に竣工した。海舟が訪れたのは、この完成したばかりの公使館であろう。山手居留地一二〇番、現在の駐横浜大韓民国総領事館から道を隔てた南側一帯にあった。

木村喜毅の日記によると、海舟が英米仏の艦長を富士山丸に迎え、

慶応三年に竣工したイギリス公使館。（横浜開港資料館蔵）

灯台建設の設置場所を見分すべく出帆したのは十月十三日のことであった。この検分には横須賀製鉄所の首長・ヴェルニーも同行したようだ。

あいにく天候に恵まれず、検分作業は困難を強いられたが、一行は十五日に横浜へ戻ったと見られる。翌十六日、遅れて横浜に到着したイギリス海軍教師団を江戸に運んでほしいと頼まれた海舟は、富士山丸に彼らを乗せると日没、品川へ帰った。

戊辰戦争の勃発と永野小学校

海舟が灯台見分におけるトラブルを解決している間に、京都では大政奉還が行われていた。さらに十二月九日、「王政復古の大号令」が発せられ、幕府は廃止となる。

だが、やはり戦争は避けられず、年が明けた慶応四年（一八六八）年正月三日、ついに戊辰戦争の緒戦となる鳥羽伏見の戦いが勃発した。

これに勝利した新政府軍が江戸へ迫る中、海舟や山岡鉄舟の奔走により、西郷隆盛との無血開城談判が成立したのは予定されていた江戸総攻撃の前日、三月十四日のことであった。

ただし、この決定は西郷の独断によるもので、京の朝廷へ伺いを立てる必要があった。よって、海舟や旧幕府の立場はまだまだ予断の許されない状況にあった。

実は当時の状況をめぐり、あるエピソードを示す海舟の扁額が、現在の永野小学校（横浜市港南区上永谷）に遺されている。

この扁額は、永野小学校の前身である永谷学校で教鞭をとった平野玉城《ぎょくじょう》の依頼によって揮毫されたものだ。

平野玉城（画像提供：貞昌院）

平野は戊辰戦争の際、進軍する東征軍の動静を探るべく、海舟の依頼で東海道を探索したそうだ。ところが下永谷の地で東征軍の斥候とおぼしき者らに見つかってしまい、当地の名主である福本輿四郎の屋敷に駆け込んだ。事情を聞

永野小学校の校長室に掲げられている海舟の筆による「永谷学校」の扁額。
（画像提供：永野小学校）

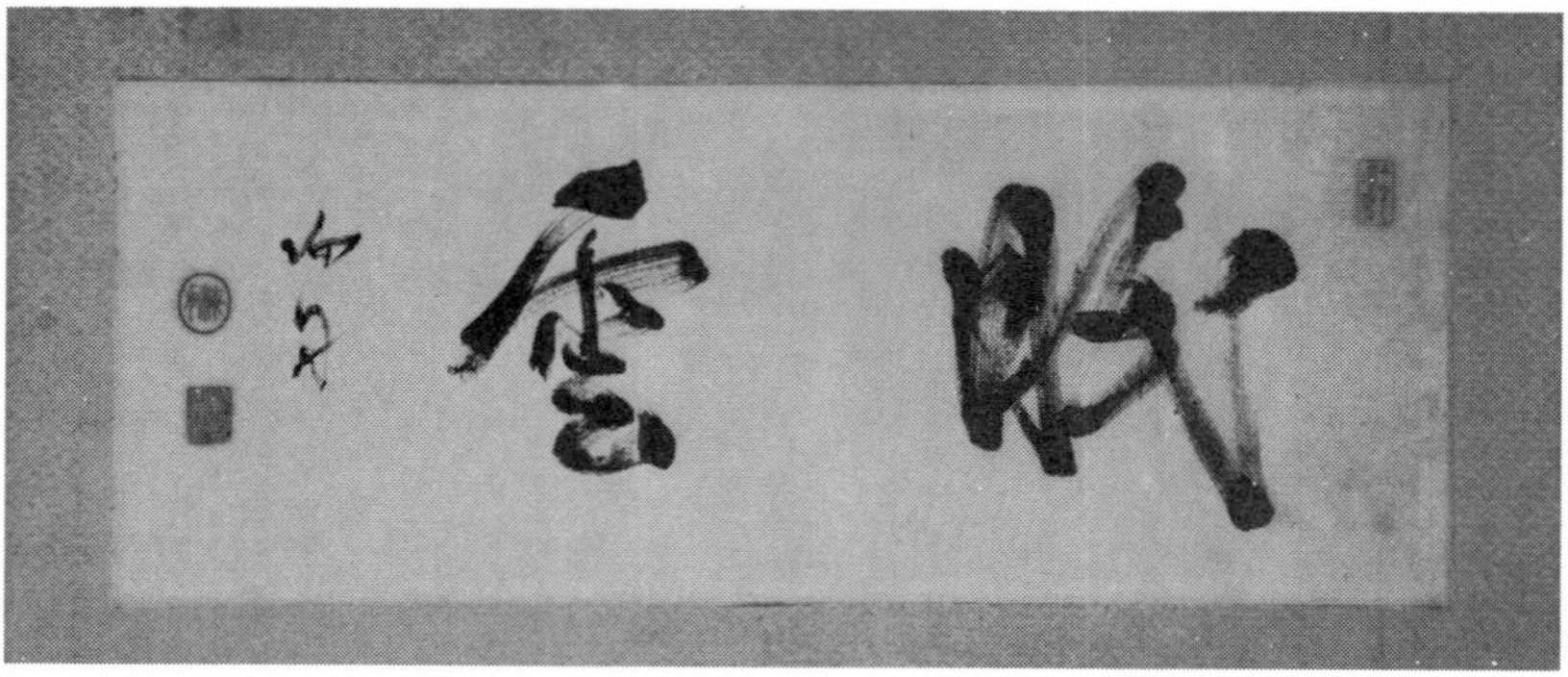

貞昌院に贈られた海舟揮毫の「眠雲」の扁額。（画像提供：貞昌院）

いた輿四郎は平野を地下へ隠すと、うまく東征軍を追い払った。こうして一命をとりとめた平野は、明治九年（一八七六）の八月十八日、恩人である輿四郎の屋敷を再び訪ねた。集まった近隣の人々は、平野の人格・学識に惹かれて、当地への滞在を懇願し、その内に平野に教えを請う者も続出するようになった。そして明治十二年（一八七九）四月十日、下永谷二六九〇番地にできたのが永谷学校である。前述した「永谷学校」の扁額は、その落成記念として海舟が揮毫したものであった。

その後、平野は明治二十四年（一八九一）に鎌倉の地で亡くなるが、平野を慕った永谷の村民は、七回忌の際に平野の子・直吉より分骨を得て、貞昌院に墓碑を設けた。

さらに明治三十六年（一九〇三）七月二十一日、貞昌院で十三回忌が盛大に執り行われ、その際に直吉は貞昌院に海舟揮毫の「眠雲」の書を贈った。この揮毫は現在、貞昌院の寺宝となっている。

新横浜入りした大原と海舟の対峙

慶応四年三月二十三日、新政府軍の海軍先鋒総督である大原重実《しげみ》が薩摩・肥前・久留米藩の軍艦を率いて横浜に入った。大原は秘密裏に参謀の佐賀藩士・島義勇《よしたけ》を海舟の下へ派遣し、軍艦を新政府軍へ献じて朝臣になるよう、裏切りを求めた。海舟の日記には「窃かに申す事あり、極密、談ずべしと云う。その大意は、我が軍艦を献じ、速やかに朝臣の列に入るべし。今　朝廷大いに海軍を興起せんとす。ゆえに公、大いに貴君を御採用あらむとす。此事、外人に示すなかれ云々。我答えて、その厚意を拝謝す、その委しきことは、近日横浜に推参、まのあたり情実を陳述し、且、我が主の意趣を言上せむと云う」とある。

この時、海舟は無血開城の条件を携えて京へ向かった西郷の帰りを待っている状況にあり、旧幕府への正式な処分内容も決まっていなかった。

海舟は近日横浜へ行くので、その際に大原を訪ね、直接返事をする旨を島に伝えた。

そして二十六日、海舟は蟠龍丸で横浜へ出張した。艦内の士官たちは不測の事態に備えて銃装していたが、海舟は従僕も連れず単身、横浜の地に降り立った。

当時の横浜の様子を海舟は『解難録』に次のように記している。

「当時英国兵卒横浜を守備し他人を入れず。その出入皆英ま切符附し是を以て往来す。官兵といへどもこれなきものは敢えて通さゞるなり」。

大原俊実（『幕末・明治・大正回顧八十年史』東洋文化協会編）

島義勇
（函館市中央図書館蔵）

『The Illustrated London News』に描かれた当時の横浜の関門の様子。戊辰戦争が勃発し、外国人らによって横浜の警備がなされている。門を通る洋装の三人は官軍として横浜に入った薩摩兵だという。（著者蔵）

度重なる外国人襲撃事件に、横浜関内はイギリスをはじめとした仏・米・プロシアの各国軍隊、及び神奈川奉行所の警備部隊によって警備がなされていた。とくにイギリス兵の警備は厳しく、官軍であってもパスがなければ、通行が許されなかったと海舟は綴っている。

大原の軍営は戸部役所の脇にあった。新政府軍の兵が列をなし猛威を示す中、海舟は備前藩士・夏秋又三郎の案内で玄関まで進み、大原に会った。

「慶喜を助けた輩の首級でも持ってくるべきものを。なぜ官軍に下らない。」と勢いづく大原に海舟は

「それは間違っています。我が主君は恭順し、謹慎しています。例え臣下の者が武力抵抗を薦めても、断固として動かず、恭順を貫いています。主君は臣下に罪を着せて自分だけ逃れるようなことはしません。また今や、外国との交際も大いに進んでいる中、同胞同士が争っている時ではございません。軍艦献上につきましても、朝廷の御処置が正しければ、献上

いたしましょうが、私のものではなく、徳川家のものであります。家臣が主家のものを密かに率いて降伏するなどできません」と厳しくこれを断った。

その勢いに押されたのか大原は「汝、大任を帯びて切羽詰まって、逆上しているのであろう。まぁ落ち着いて、事を誤るな。まず酒でも一献」と、海舟をたしなめた。

海舟は応える。

「あなた様のご寛大には深く感謝いたします。しかしながら、あなた様の率いておられる兵士たちは甚《はなは》だ、殺気に満ちております。屋敷を出ましたら、私は彼らに撃ち殺されるでしょう。そうなってしまえば、もはや何も言えなくなってしまうため、お怒りを顧みず、命ある内に思うところを述べたのです。決して切羽詰まっての暴言ではございません。

ただ、あなた様の兵は、勇ありとは言えませんな。一人の兵も従えずに、単身歩いて来た私に、まるで虎を見るかの如く、銃を備えた兵を整えているとは。何を怖れているのでしょう。」

これには大原も恥じ、懇々と言い訳するほかなかった。そして海舟が屋敷を去る際、士官をつけて番龍丸まで送らせた。

パークスを訪問

海舟は翌二十七日も大原と会った。日記に「大原殿へ拝謁。本

パークス(『Source The life of Sir Harry Parkes』)

日江戸へ御発途」とある。

この日は英国公使館にも足を運んでいるが、海舟が横浜を訪れた本来の目的は、この横浜公使・パークスとの面会にあった。

ただし海舟の『解難録』によると、パークスはなかなか姿を現さなかったようだ。対応した通弁のツループ曰く、「家老でもない、一軍艦奉行とは大事を話せない」というのだ。海舟は「不詳といへども万事を総裁す」と自身の立場を説明し、そこから粘り強く終日待ち続けた。

そんな様子に、ツループは再び姿を見せると、用件を尋ねた。海舟は旧幕府と英国の間で結ばれた約定など、新政府への引き継ぎについて話がしたいと説明した。するとパークスはすぐにやって来て、無礼を詫びたという。

パークスが海舟との面会を渋った理由はよく分からない。対応したツループの手違いか、あるいは『解難録』の逸話が、海舟特有のいささか誇張されたものであるのか。ともあれ面会は叶った。

海舟はパークスに、幕府が英国から招聘した海軍教師については、すでに給料を支給しておいたので帰国して頂く事、灯台建設における費用は新政府より受けとるべきこと、横浜天主堂に入って捕縛された日本人キリシタンは、放免にしたことなどを説明した。いずれも英国にとっては有り難い話ばかりで、パークスはこれらを了承した。

そして最後に、パークスは「徳川家はまことに哀れな立場となったが、貴方はこれをいかに処置するつもりですか」と尋ねた。

海舟は「今、徳川家に力のある人はありません。力のあった人間は、あるいは官位を奪われたり、あるいは蟄居謹慎に処されております、故に不肖ながら私が、力のないことを知りつつも事にあたっている訳です。危険も多く、一朝、変など起こりましたら、むなしく野垂れ死ぬだけでしょう」と、その覚悟を語りながら、現時点の様々な議について説明した。

海舟の説明に、いたく感激したパークスは、これより同じ説明を各国公使館へ伝えに行くという海舟を引き留め、次のように誘った。

「その件は私の方で各国公使に伝えておきましょう。そんなことより貴方は疲れている。ここで半日でも休んではどうでしょう。ちょうど今、横浜に我が国の甲鉄艦アイロンデックが入港しています。キップル艦長を呼ぶので、色々相談するとよいでしょう。ともに晩餐を供しながら話をしましょう」

かくして、海舟はキップル艦長らと密事を相談し、甲鉄艦アイロンデックを一ヶ月間、日本に滞在させることが約束されたという。この密事とは、新政府軍が慶喜の助命を認めなかった場合、甲鉄艦アイロンデックでイギリスへ亡命させるという話であったと見られている。

以上は海舟の著した『解難録』にある逸話で、キップル艦長とは英国極東艦隊の司令長官ハリー・ケッペル提督である。ただしこの時、ケッペルが率いていた甲鉄艦はロドニーが正しい。

英国公使館を出た海舟は、江戸へ戻った。その翌日には島義勇と夏秋が、再び海舟を訪ねたようで、日記に次のようにある。

「肥前藩・島生并びに夏秋又三郎、来訪。大原殿内意を話す。専ら勤王すべきの事なり。我答えて、天下一定の見解なし。我が

ヘンリー・ケッペル（『The Navy & Army Illustrated』）

主に尽すも亦勤王に異なるなし。何ぞその外をかえり見む哉と。且、国々諸侯、単に勤王すといえども、その行なう所、国家の御為に薄きか、よろしく忠諫の道を欠くがごとし。我尤も服さざる処なり、云々。」

ベアトが撮影した海舟の写真

ちょうどこの頃の海舟の写真がある。右手に刀を携えた立ち姿のものだ。

海舟は明治三十年（一八九七）四月二十二日の巖本善治のインタビューにおいて、次のように話している。

「英吉利の方では、大層わしをひいきにした。維新の時も、横浜に行つて、大体を話した所が、パークスは、ひどく賛成した。その時に写した写真サ（津田仙氏の作像せし原品）、あの時は、ねむくてならなかったのを、引張られて、サトウが写した。「アナタは殺されてしまふから」と言ふのサ。『外の公使へも言ふ』と言ったら、「イヤおせはしいのに、それには及びません、私から皆々へ伝へます」と言つた。」

また吉本譲が編集した海舟の談話集『氷川清話』にも同様の話がある。明治二十九年（一八九六）の談話だ。海舟はオランダとイギリスに依頼していた海軍教師の問題を解決した話に続いて、次のように語っている。

「この時分にはね、おれを暗殺せうと企てゝ居る連中がいくら

アーネスト・サトウ（『維新日本外交秘録』維新史料編纂事務局）

海舟が西郷に贈ったベアト撮影の写真。アーネスト・サトウの勧めで撮ったという。(『幕末名家寫眞集 第［1］集』)

もあつたから、パークスなども『貴下は是非私の公使館へ来て居て下さらなければ危険だ』と言つてくれた。けれどもおれは、いやしくも天下の難局に当る以上は、暗殺ぐらゐの事を恐れては、何事も出来るものではない、国事に斃れるのは、志士の本分だと考へて居つたから、外国の公使館へ逃げ込むやうな、そんな卑屈未練の心は、露ほども起さなかつた。それだから、サトウには『御親切はありがたいが、ともかく一国の大事に見を投げ出したからには、命が惜しいやうなことでは、何事も出来ないから、公使館へ逃げ込むやうなことは御断り申す』と言つたら、サトウが言ふには、『それならば、いつ、いかなる事変が貴下の身辺に起るかも知れないから、写真を一枚撮つておきなさい』といって勧めるから、それもさうかと思つて、すなはちその時撮った写真はこれだ。」

この談話にある〝サトウに勧められて撮影した写真〟というのが、前頁に掲載した写真だという。『幕末名家寫眞集 第［1］集』に掲載されたこの写真には、「慶應年間英吉利公使パークス書記生サトウ等の歡により撮影したるものとす［續々氷川清話五十六丁所載記事］」との記載がある。

実は海舟はこの写真を西郷隆盛に贈っている。『西郷南洲翁大畫集（大西郷追頌会）』に海舟が贈った写真として、この写真が掲載されている。海舟の日記を見ると明治元年（一八六八）十月二十二日に、「西郷へ写真一葉届け方頼み。」とあり、この写真を届けたことが確認できる。

海舟の命が狙われていたという話や、西郷に写真を贈った時期から見ると、この写真は海舟が慶応四年の三月二十七日に英国公

ベアト
(『Old Japan Picture Library』)

使館を訪れた際の撮影だと考えられようか。

ところが二十七日の公使館訪問時、撮影を勧めたというサトウは不在であったことが分かっている。後年の海舟の談話は、記憶が曖昧な部分も多く、さらに独特の誇張表現があるため、そのまま鵜呑みにすることはできないが、この撮影についても詳細を判断することは難しい。

また海舟の談話をそのまま読むと、サトウが海舟を撮影したとも読めるが、古写真研究家の森重和雄氏（共著『勝海舟関係写真集』）の見解では、この写真を撮影した人物はイギリス人写真家であるフェリーチェ・ベアトだと見ている。明治元年閏四月十五日の『海舟日記』にも「英人サトウ方へ、ウィルソンへの返事、并びに写真料十八両、ビツトウへ届方頼み遣わす」とあり、ビツトウ、つまりベアトへの写真料金をサトウへ届けた事が綴られている。

中区山下町24、現在のワークピア横浜の辺りに幕末、ベアトの写真館があったが、海舟の撮影が当地で行われたのかは定かでない。

ベアトは文久三年の春に来日し、「イラストレイテッド・ロンドン・ニューズ」の挿絵画家ワーグマンと共に、横浜居留地二十四番に共同スタジオ「Beato & Wirgman, Artists and Photographers」を設立した。

だが慶応二年、豚屋火事によって二人の居宅、及び写真館は類焼し、多くのネガも焼失してしまった。その後、スタジオは慶応四年まで共同経営がなされたが、やがてベアトは独立し、明治二年（一八六九）に十七番の地に移って写真館を開いた。この写真

アーネスト・サトウが旧蔵していたベアト撮影の海舟の写真。（横浜開港資料館蔵）

館は明治十年（一八七七）まで続けられたという。

森重和雄氏の調査によると、ベアトによる同時期撮影の海舟の写真がもう一種類ある。ロッキングチェアに腰掛けた珍しい写真だ。アーネスト・サトウが旧蔵していたアルバムにあった写真で、写真台紙の裏側にはサトウの文字で「Katsu Awa no Kami 1868 A Chab XXXI」と鉛筆書きがなされている。そのため、この写真は慶応四年にサトウが撮影したものだと考えられていたが、森重氏は足下に写された敷物の文様からベアトによる撮影だと見ている。ベアトの写真館で撮影された可能性が高いと思われるが、公使館等へ出張して撮影した可能性もあり、その撮影場所を断定することはやはり困難だといえる。

明治新政府への出仕

その後、西郷が京での決議を持ち帰り、江戸城は四月十一日に新政府へ引き渡されるに至った。ここに無血開城は成り、閏四月二十九日には徳川家達（田安亀之助）に徳川宗家の相続も認められた。ただし、間もなく勃発した上野戦争の影響もあって、新政府は家達を駿河府中（静岡）城主とし、知行所は駿河・遠江・三河の七十万石とする旨が申し渡された。かくして多くの旧幕臣が江戸を去り、海舟も明治元年十月に駿府へ移った。

もっとも戊辰戦争は未だ収束しておらず、海舟には新政府から度々の呼び出しがあった。長期滞在を余儀なくされ、その間には外務大丞や兵部大丞に任命されるなど政府への出仕を求められた。海舟は直ちに辞表を提出し、これを固辞し続けた。やがて明治五年（一八七二）の五月十日、海軍大輔を仰せ付けられ

海舟も頻繁に利用した横浜駅。(J·ポール·ゲティ美術館蔵)

た海舟は、やはりこれも固辞したが認められなかった。そしてついに東京への移住を決め、赤坂氷川の旧旗本・柴田七九郎の屋敷を購入し、ここに居を構えた。

横浜・新橋間の鉄道開通

文明開化の象徴ともいえる日本の鉄道開通は、明治五年（一八七二）の新橋・横浜間にはじまる。

明治新政府は明治二年（一八六九）十一月十日、はやくも鉄道建設を決定し、東京・京都間を幹線に東京（新橋）・横浜間を支線として建設することを決めた。そこで東京・大阪間の地勢を見分すべく、敷設調査を命ぜられたのが海舟門下の筆頭で、当時民部省鉄道掛を務めていた佐藤与之助である。同行者は旧幕臣の小野友五郎だ。小野は幕末、海舟とともに長崎海軍伝習所で学び、咸臨丸での渡米においては筆頭測量方を務めた。

翌明治三年に東京・横浜間の鉄道建設工事が着工され、明治五年の五月七日には品川・横浜間の仮営業がなされた。

『The Illustrated London News』に報道された開業式の様子。（著者蔵）

海舟も出席した鉄道開通式当日の光景。（『寫眞週刊』アサヒグラフ）

新橋～横浜間開業式典列車
座席表

1号車・2号車
近衛護兵

3号車
山尾庸三　井上勝　橋本実梁　四辻公賀
明治天皇
有栖川宮熾仁親王　三条実美

4号車
副島種臣　西郷隆盛　伊・米全権公使
濠・西・仏代理公使　大隈重信　板垣退助
後藤象二郎　大木喬任　嵯峨実愛

5号車
露代理公使　英代理公使　江藤新平
伊地知正治　井上馨　山県有朋　**勝海舟**
福岡孝弟　宍戸たまき　万里小路博房
黒田清隆　土方久元　陸奥宗光
西郷従道　河村純義　黒田清綱

6号車
松本暢・玉乃世履・吉井友実・上野景範
渋沢栄一・佐野常民・福羽美静・大久保一翁
三浦梧樓・鳥尾小弥太・篠原国幹・谷千城
中牟田倉之助・野津鎮雄・巖谷一六
伊東祐麿・宮内丞職員

7号車
中山忠能　徳川慶勝　二条斉敬
松平春嶽　大原重徳　中御門経之
池田慶徳　毛利元徳　沢宣嘉　亀井茲監
島津忠義　細川護久　池田章政　伊江朝直

8号車・9号車
式部侍従 ほか

横浜駅が設置されたのは関内地区から大岡川をはさんだ向かい側、野毛浦の埋立地で現在の桜木町駅に位置する。アメリカ人建築家P・R・ブリジェンスの設計で、新橋駅とともにほぼ同じデザインで設計された。現在、東京汐留の旧新橋停車場跡には当時の駅舎を復元した歴史展示室が設けられており、在りし日の新橋駅及び同様に建築された横浜駅の様子を体感することができる。

新橋・横浜間の鉄道開業式が挙行されたのは明治五年九月十二日のこと。式には明治天皇の行幸があり、政府の要職にあった一同が出席した。当時、海軍大輔であった海舟もこれに参加している。一同、九両編成の特別列車で新橋・横浜を往復し、両駅で式典が執り行われた。この日の座席表が残されており、海舟は五両車であった。外国公使や黒田清隆、伊地知正治、西郷従道、陸奥宗光らと乗車している。

横浜駅の面影

横浜・新橋間の鉄道が開通したことにより、両区間は約一時間で結ばれた。新橋駅は築地の居留地に隣接しており、この鉄道は東京・横浜の両居留地を結ぶ役割もあったようだ。

やがて大正四年（一九一五）八月、高島町に二代目の横浜駅が開業し、初代横浜駅は現在の桜木町駅と改称された。初代横浜駅の駅舎は関東大震災で焼失したが、現在も桜木町駅の南改札東口には初代横浜駅をイメージする三角形のデザインが施されている。改札の内外各所にも、かつての横浜駅に関する展示があり、新南口

現在の桜木町駅。東口上部の三角形のデザインは、初代横浜駅がイメージされている。

初代横浜駅と同じ形で設計された新橋駅が現在、「旧新橋停車場 鉄道歴史展示室（東京都港区東新橋1丁目）」として再現されている。

桜木町駅の南改札東口には、「【1】鉄道創業の地記念碑」など初代横浜駅の面影を示す碑が建立されている。「鉄道創業の地記念碑」はかつて「【2】原標点」がある場所に建立されていた。また地下道「野毛ちかみち」出入口には「【3】開業当時の横浜駅長室跡」を示す表示がある。

JR桜木町ビルの一階エントランスホールには「旧横濱鉄道歴史展示(旧横ギャラリー)」が設置されている。鉄道創業当時、実際に走行していた「110形蒸気機関車」の展示は貴重で、海舟もこのような汽車に乗っていたのであろう。そのほかパネル展示やジオラマなど、当時の横浜駅を感じることができる。

明治5年に海舟が描いた鉄道の絵図。宮中から請われて鉄道の話をすることとなった海舟が、その際に描いたものだと伝わる。同年6月に仮開業した品川･横浜間の様子を、記憶で描いたものだという。（鉄道博物館蔵）

高島山から見た神奈川停車場の周辺。左端が神奈川駅。右側は鉄道開設のために埋め立てられた袖ケ浦の入江である。明治5年10月、日本初の鉄道として新橋・横浜（現在の桜木町）間が開通したが、神奈川から野毛までは海上を埋め立てて、線路が敷かれた。弧を描いた先が横浜駅である。（アムステルダム国立美術館蔵）

の付近には「鉄道創業の地記念碑」や「原標点」、「開業当時の横浜駅長室跡」などを示す表示が確認できる。

またJR桜木町ビルの一階エントランスホールには「旧横濱鉄道歴史展示（旧横ギャラリー）」が設置されており、初代横浜駅に関するパネル展示やジオラマなど、海舟も利用した横浜駅の様子を窺うことができる。

新政府の一員として横浜出張

政府に出仕した海舟は、以後も仕事で横浜へ出張することがあった。

海舟の日記で見ると明治六年（一八七三）四月十一日の項に「払暁、神奈川着、帰宅。」とある。これは鹿児島で軟禁状態にあった西郷隆盛を呼び戻すため、出張した時の事である。

維新以来、急速な西洋化を進める新政府の方針に憤っていた旧薩摩藩の国父・島津久光は、詫びに帰郷した西郷を鹿児島に留め置き、東京へ戻さなかった。その呼び戻しを三条実美より頼まれたのである。

山尾庸三（『華族画報』華族画報社）

三月十四日に出立した海舟は二十一日、鹿児島に着き、見事に久光の説得に成功した。帰路は『海舟日記』に次のようにある。四月朔日「出船」、二日「長崎着」、五日「乗船」、七日「神戸着」、九日「乗船」、そして十一日「払暁、神奈川着、帰宅」と続く。
またこの年の六月二日、海軍大輔であった海舟は工部省の山尾庸三とともに横浜に出張している。横浜の海軍省の地所を工部省へ引き渡すためで、日記に「出省。横浜行。海軍省の地所半を以て工部省へ渡す・山尾氏同行」とある。この日は日帰りであったようだ。

さらに同月十九日にはフランス公使に横浜へ招かれたことが、やはり海舟の日記から確認できる。フランス公使館跡は現在の横浜第2合同庁舎周辺にあたる。海舟が招かれたのは当地にあった公使館だと思われる。

徳川家達ら要人の見送り

海軍大輔であった海舟は、その所管である横須賀造船所への出張も少なくなかった。その際、横浜までは鉄道を利用したと思われる。

明治六年十月二十三日の日記には「酒容水卸、ドック注水相済む。横浜へ帰り一泊」とある。横須賀造船所における運送船・涵容の進水式に出席し、帰りは横浜へ一泊した。

同じく、この年の十二月十七日の項には「横須賀御臨幸　御供、一泊。」と綴られている。横須賀造船所を視察すべく行幸啓する天皇皇后両陛下に参議兼海軍卿であった海舟も随行したのである。この時、鉄道を利用したようだ。行幸啓の過程は以下の通り。午前七時二〇分に皇居を出た両陛下は、新橋停車場より汽車に乗り、九時

慶応2年に竣工したフランス公使館の古写真。（写真左／横浜開港資料館蔵）
現在の横浜第二合同庁舎辺りがその跡地（写真右）で、翌年には領事館も隣に新築移転された。

に横浜到着。横浜港中波止場から端艇で御召艦・蒼龍丸に乗船し、横須賀港へ入った。

このように海舟が仕事などで鉄道を利用することはあったが、自身の遠出はあまりなかった。ただし要人らの見送り・出迎えなどで、新橋駅へ足を運ぶことは頻繁で、時に横浜駅まで同道することもあった。詳しい状況が分かっているのが明治十年（一八七七）六月にイギリスへ留学した徳川家達の見送りである。

海舟の日記で見ると六月十一日の項に「三位殿、本日御出発」とあり、翌十二日には「本日奥へ悦詞并びに下され物等の事、口上書にて申し述べ、且、三位殿へ御暇乞いのため横浜行」と綴られている。

淡々と出来事だけが綴られているが、商法講習所の教師として来日したウィリアム・ホイットニーの娘・クララの日記からは、もう少し詳しい状況が確認できる。クララは後に海舟の三男・梅太郎と国際結婚する。

クララの六月十一日の日記には、次のようにある。

「徳川公は今日船で出発される予定だったので、高官二十二人くらいお別れの挨拶に行ったが、この嵐では出発できないだろう。横浜は風がもっとひどいに違いない。勝氏（海舟）は今朝――人混みがおきらいなので、人目をさけてとても早く横浜に出かけたとお逸（海舟三女）が言った。最近まで刀を差しておられ、お逸のお母様やお姉様方も外出する時はいつも短い短刀を持ち歩いていたと言う」

クララの日記によると、家達は横浜のインタナショナル・ホテルに滞在したようだ。十三日の日記に次の記述がある。「お逸が今日、徳川公は

インターナショナル・ホテルは現在の中区山下町18「横浜人形の家」の地にあった。

海舟邸で撮影された徳川家達と晩年の海舟。(『Katz Awa』E.WARREN.CLARK)

横浜の大きなホテルに泊まっていて、大勢の人が会いに行っているが、貴族や高い位の人たちしか面会を許されない、と言っていた。昨日の官報に載ったインタナショナル・ホテルの客の中に、徳川家達公と随員、K・竹村（竹村謹吾）氏とN・大久保（大久保業）氏の名前があった。お逸によれば〈家達公の先代の顧問だった〉お父様（海舟）は、お別れを述べに早朝の汽車で行かれたそうだ。」

そして翌十四日の日記に「午前中に瀧村氏が、徳川公を乗せた船がきのう出航し……」とあり、十三日に無事、出航したことが記載されている。

横浜富貴楼

維新後の横浜において「料亭政治」の舞台として知られたのが富貴楼だ。富貴楼を開業した女将のお倉は花柳界の女傑と称され、海舟も「横浜の富貴楼のおくらといふ女も、なかなかのものだといふ

海舟も家達の送別のため足を運んだ横浜のインターナショナル·ホテルは明治元年の暮れに、海岸に面した居留地18番に開業された。（横浜美術館蔵）

ことだ」と評している。

天保八年（一八三七）、江戸の谷中に生まれたお倉は、幼い頃に一家が離散し、その後、遊女となった。そして明治二年に横浜へ出て、二年後の明治四年九月、富貴楼を開いた。生糸投機で財を成した「天下の糸平」こと田中平八の支援があったという。

以来、田中はもちろん井上馨や伊藤博文、大久保利通、大隈重信、山縣有朋、陸奥宗光、岩崎弥太郎などなど、政財界の要人がしばしば足を運んでは政局をも動かす密議が行われた。西南戦争が勃発した際には、大久保利

『金港美人揃 尾上五 富貴楼』（東京都立中央図書館蔵）

現在は神奈川中小企業センタービルとなっている富貴楼の跡地。

通と岩﨑弥太郎、大隈重信の三者が密会が開いたという逸話や、「明治十四年の政変」で失脚した大隈を、お倉が伊藤に引き合わせたという話などが伝えられている。

『氷川清話』によると、海舟が富貴楼を訪れたのは、丁汝昌を訪ねた時のようだ。次のように語っている。

「横浜の富貴楼のおくらといふ女も、なか〱のものだといふことだ。おれが先年、支那の水師提督丁汝昌に招かれて、横浜に行つたとき、あれの家で飯を食つたことがある。その時は、大臣や大将や、豪い人が沢山来て居て、おれは三畳敷へ押し込められたが、小言もいへず黙つて居た。するとおくら奴がやつて来た。おれは初めて横浜に来た体で、『初めて来て見たがなか〱の繁昌だな』と言つたら、おくら奴、知つて居たと見えて、『はあ、さうでせう』と冷やかに受けた。『なか〱豪い御客様があるな』と言つたら、『はい、大臣さんなど沢山お出でゝす』と、さも人を丸呑にして居る様子に見えた。」

丁汝昌を訪ねた時であるならば、富貴楼に足を運んだのは明治二十四年（一八九一）七月十四日のことではないだろうか。政府はこの年、来日した丁汝昌のため富貴楼を一週間にわたって貸し切り、宿泊させたという。

海舟は明治八年（一八七五）十一月に元老院議官を辞職してからは官職を離れていたが、明治二十年（一八八七）に伯爵に叙され、さらに翌年四月には枢密院顧問官に任ぜられた。

お倉
（『相場師と土佐』鍋島高明著）

丁汝昌
（『懐旧録－戦袍余薫』有終会編）

海舟の日記を見ると明治二十四年七月九日に「清国海軍惣督丁如昌、種々和談」とあり、翌十日「後楽園、支那提督、士官、招待ニ付き参朝、并びに紅葉館、亜細亜協会同断」と続いている。そして十三日「宮島誠一郎、明日、清艦行く約。」とあり、翌日の十四日の項に「横浜清艦行。接対甚だ厚情。」との記載が確認できる。おそらく海舟が富貴楼を訪ねたのはこの日だと考えられる。

富貴楼は明治四年の開業当初、駒形町に開かれたが、明治六年の大火によって焼失し、同年七月に尾上町五丁目に再開された。海舟が足を運んだのはこの場所であろう。現在の神奈川中小企業センタービルの場所がその跡地にあたる。その後、富貴楼は明治三十一（一八九八）年に廃業した。

海舟に届けられた横浜の洋菓子

開港の街・横浜には多くの西洋文化が流入していったが、食文化もそのひとつである。ビールやワイン、パンをはじめ様々な西洋菓子などが横浜の街に伝わった。

酒をあまりやらない海舟は甘党で、海舟の孫にあたる高山正代氏によると、ある横浜の西洋菓子が好物のひとつであったという。正代氏は海舟の三女・逸の三女で、父は専修大学創始者の一人として知られる目賀田種太郎だ。勝部真長の著書『勝海舟』（ＰＨＰ研究所）に、当時八十八歳の正代氏のインタビューがあり、次のように語っている。

「たまたま母（逸）が東京の勝の家、つまり里に来るわけで、そんな時に居留地の八十五番地街の、名前を忘れましたが、西洋菓子を売っている店がある。それを母が買って土産に持って行くと祖父（海舟）がそれが大好きで、洋菓子、いわゆるケーキのハシリですする。お祖父はお酒は召し上がらなかったらしい」

また正代氏、九十一歳の時のインタビューでも「それは、横浜八十五番の『レンクロス』、そこから母が持ってくる。あたくしの母が来るときにはお祖父さまにその西洋菓子を持ってくる。そうすると、ときにはそれを一つぐらいわれわれに……。」とある。

八十八歳時、「名前を忘れましたが」とあるが、九十一歳時のインタビューでは『レンクロス』という店名をはっきり語っており、この店の洋菓子を海舟は好んでいたようだ。

『レンクロス』という洋菓子店については判然としなかったが、横浜八十五番に洋菓子店があったことは判明している。ペール兄弟というフランス人が経営するペイル・フレール商会である。ペイル・フレール商会については澤護氏の研究（『横浜居留地のホテル史』、『横浜外国人居留地ホテル史』）や小林彰氏の研究（『稲門フィラテリー31号』二〇〇九）によって、詳細が明らかになっている。

ペール兄弟の三男・サミュエルは一八六六年（慶応二年）より二年間、マルセイユの洋菓子店で修行を積み、明治七年の四月までに単身横浜へやって来た。そして居留地八十四番のオリエンタル・ホテルで副料理長として勤めたが、明治八年十二月、来日した兄のジャンとともに、八十番の地で洋菓子店を開いた。

勝家とも深く交流したクララ・ホイットニーは、横浜へ足を運んだ際、同店を利用したようだ。明治十一年四月二十日のクララの日記に次のようにある。

「今日私の洋服を取りに横浜へ行った。（略）フランス人の経営するペール・フレールで、すばらしくおいしいコーヒーを飲んだ。母はペールさんにねだって、煎ったコーヒー豆を一ポンド売ってもらったが、ペールさんは惜しくてたまらない様子だった。」

また同年六月二十日に横浜へ行った際も、翌日ペール・フレールで土産の菓子を買ったようだ。六月二十二日の日記に、当日を振り返り「人力車でフレールへ行って、家へのみやげにお菓子を買った」と綴られている。

その他、明治十二年（一八七九）三月十五日の日記には、「十二時の汽車に乗ったが、最近できた規則に従って、すべての店が閉まっていた。ペール・フレールでお昼を食べてから、私は山手にヘップバン夫人を訪問して、楽しい時を過ごした」との記載もある。

このようにクララが数度にわたって利用していたことからも、ある程度評判の店であった様子が窺える。開拓使など行政との取引もあったようだ。

兄弟にとって大きな転機となったのは明治十一年六月のことだ。かつてサミュエルが勤めたオリエンタル・ホテルの経営者がグランド・ホテルを入手し、その経営に専念することとなったので、ペール兄弟にオリエンタル・ホテルが譲渡されたのだ。兄弟はこれを受け、洋菓子店をここに移すと、ホテルの経営に乗り出した。開業したのは一年後。明治十二年（一八七九）の六月である。

ところが明治十五年（一八八二）八月、隣接する八十三番から出た火事によりホテルも全焼となった。兄弟はホテル経営からの撤退を決め同年十二月、隣の八十五番地にレストランと喫茶室を併設した新たな洋菓子店を開いた。この店は海舟が亡くなった明治三十二年（一八九九）にユダヤ系フランス人に譲られたそうだ。

ペイル・フレール商会はエスカル横浜の前、「麻里布丸の錨」が屋外展示されている辺りにあった。

先述の高山正代氏が語った洋菓子店の話は、自身が華族女学校に通うため、赤坂の海舟邸に暮らしていた頃の回想である。この頃、父の目賀田種太郎は横浜税関長を務め、横浜に赴任していた。正代氏が「母が来るときにはお祖父さまにその西洋菓子を持ってくる」と語っているのはそのためである。目賀田の横浜税関長就任時期は明治二十四年（一八九一）から二十七年（一八九四）である。

『レンクロス』という店名は気になるが、当時八十五番地にあった洋菓子店はペイル・フレール商会であり、海舟に届けられたお気に入りの洋菓子は、同店のものであったのではないだろうか。実はペイル・フレールの洋菓子は、日本の菓子店にも大きな影響を与えている。

そのひとつが日本で初めての洋菓子専門店である「村上開新堂」だ。「村上開新堂」は宮内省大膳職であった村上光保により明治七年に創業されたが、そのはじまりは明治新政府の政策と深く関係していた。開化政策を進める当時の政府において、外国の賓客や外交官に対する洋式接待が急務であった。そこで宮内省の大膳職であった村上に、洋菓子の修行が命ぜられたのだ。修行先は横浜のオリエンタル・ホテル。ここで当時、副料理長を勤めていたペイル兄弟のサミュエルに洋菓子を学んだのである。

また江戸時代は和菓子屋であった「凮月堂」も維新後、洋菓子をはじめるにあたり筆頭番頭の米津松造を横浜へ修行に派遣した。その際、ペイル・フレール商会に仕えていた谷戸俊二郎という人物より、洋菓子の指導を受けたのだという。

ペイル・フレール商会が海舟お気に入りの洋菓子店であったのか、その断定は難しいが、勝家と関わりの深いクララが愛用したことは確かで、日本の洋菓子史にも欠かすことのできない名店として、その名残をここに紹介しておく。

『海舟日記』等に見る主な海舟の横浜訪問記録

安政二年　四　月　頃　神奈川・横浜周辺測量調査か？

文久二年　九　月　十　一　日　軍艦を購入すべく前日、神奈川へ出張。神奈川奉行所の竹本正雅と相談し、横浜会局に移ってイギリスの蒸気船を視察。翌日帰府。

九月十五日～　十五日に神奈川へ出張し、連日横浜で交渉。十七日、横浜会所で順動丸の購入を相談。翌日、試乗して購入を決めた。十九日帰府し、これを言上。

十　月　十　三　日　購入した順動丸を受けとるため出張。鯉魚門を見分した。

文久三年　十一月十四日～　将軍再上洛に使用する船を購入すべく運上所へ出張。神奈川本陣に一泊。翌日は運上所から横浜の英医シーメンヅ（米国人医師シモンズか）の家へ行き、画材購入。その後、エード、並びにフーキントなる鉄船を見分。運上所に戻って神奈川奉行に面談した。

十一月二十四日～　翔鶴丸購入のため、押送船にて神奈川へ出張し一泊。翌日、運上所にて翔鶴丸を視察。同日、横浜に出張してきた若年寄の稲葉正巳・立花種恭と面談。翌二十六日、試運転を行う。英国商人キングドンと交渉し、購入を取り決めた。二十七日、翔鶴丸を少し試運転した後、横浜の街を遊歩。二十九日、英国商館にて代金の支払い。十二月朔日、翔鶴丸にて江戸に帰府。

十二月十六日～　さらなる蒸気船購入のため、押送船にて神奈川へ出張。十七日、英国船ショリーンを視察。十八日、米国船フーキンが来航し、翌日視察した。二十日に帰府するが、蒸気船の購入は見送り。

元治元年　五月二十六日～　神奈川へ出張し、大米屋に一泊。翌日、運上所に足を運んだ後、オランダ領事館のポルスブルックを訪問。二十八日、軍艦メタールコロイスを見学。午後はポルスブルックの屋敷で昼食をご馳走になった。二十九日、運上所。三十日、ゾンターク（日曜日）のため休み。六月一日、英国軍艦ユーライアラス号を訪ね、艦長のアレキサンダー大佐と面会。アームストロング砲による調練を見学。二日帰府。

慶応二年　十二月九日～　本牧の洲に長鯨丸が乗り上げたため、翔鶴丸で横浜へ出張。翌日、横浜に上陸し、語学所と製鉄所を見学。十一日、本牧で長鯨丸の引き出し方を指揮。翌十二日、長鯨丸無事救出。日記に「長鯨、自ら洲を出ず」と綴る。

慶応三年　**三月二十九日**　到着した開陽丸の尋問のため横浜出張。

四月十日～　海軍奉行の大関増裕と海軍奉行並の織田信愛が開陽丸尋問のため、神奈川へ出張。海舟もこれに同行した。十一日、長男・小鹿のアメリカ留学について、よろしく頼むべく米国公使を訪問。十二日に帰府。

四月十八日～　オランダ人教師の採用交渉のため、神奈川へ出張。翌十九日、ポルスブルックを訪問。

五月十八日　開陽丸受け取りのため神奈川へ出張するも、不都合があり引き返す。

五月二十日　開陽丸受け取りの式典に出席。

九月十二日～　開陽丸運転。海舟は千代田形で横須賀へ行き、横須賀製鉄所の首長ヴェルニーと面会。この日は蟠龍に一泊。翌日も製鉄所の各所を視察した後、神奈川に宿泊。十四日、帰府した。

九月二十九日～　来日したイギリス人海軍教師への挨拶のため、横浜出張。ウォルシュ・ホール商会を訪問し、長男・小鹿の留学費用について相談。横浜リンドウ商会のリンドウとも面会。またアーネスト・サトウとも会い、イカルス号水夫殺人事件について話す。翌十月一日、イギリス海軍教師の教頭・トレーシー海軍中佐、及び士官のウィルソンと面会し、来着を祝した。

十月八日～　灯台見分に使用する富士山丸において、不都合があったと、イギリス公使パークスより連絡。この夜、急遽神奈川へ出張。翌日、海舟はイギリスの通訳生・ウィルキンソンに周旋を頼み、英艦ハスリスの艦長ヒヲイト、米艦シャナドアの艦長ゴルドズバラ、仏艦アメイの艦長を訪ねて、彼らの怒りを鎮めた。

十月十三日～　英米仏の艦長を富士山丸に迎えた海舟は、ようやく灯台建設の設置場所を見分すべく出帆。戻りは十五日だったと見られている。翌十六日、遅れて横浜に到着したイギリス海軍教師団を江戸へ運んでほしいと依頼された海舟は、富士山丸に彼らを乗せ、日没に品川へ帰った。

慶応四年　**三月二十六日～**　正月、戊辰戦争が勃発。海舟は三月二十六日に横浜へ出張し、海軍先鋒総督の大原俊実と面会。旧幕府からの離反を求める大原を諭す。翌二十七日も大原と会った後、横浜の英国公使館を訪ね、パークスと面会。海軍教師の問題など旧幕府との契約について話し、さらにキップル艦長らと密談。慶喜の亡命について相談したと思われる。

日付未詳　慶応四年頃　ベアトの写真館、もしくは英国公使館にて写真撮影を二度、行ったと思われる。

明治五年　九月十二日　海軍大輔であった海舟は新橋・横浜間の鉄道開業式に出席。政府要人ら一同、九両編成の特別列車で新橋・横浜を往復し、両駅で式典が執り行われた。海舟は外国公使や黒田清隆、伊地知正治、西郷従道、陸奥宗光らと五両車に乗車した。

明治六年　四月十一日　鹿児島出張より帰宅。日記に「払暁、神奈川着、帰宅。」とある。

六月二日　海軍大輔であった海舟は、横浜の海軍省の地所を工部省へ引き渡すため、工部省の山尾庸三とともに横浜へ出張した。

六月十九日　日記に「出省。仏郎公使より横浜へ招かる。」とある。

十月二十三日　横須賀にて運送船・函容の進水式に出席。ドッグへの注水完了後、横浜に戻って一泊。

十二月十七日　横須賀造船所を視察すべく行幸啓する天皇皇后両陛下に、参議兼海軍卿であった海舟も随行。横浜までは鉄道を利用。

明治十年　六月十二日　イギリスへ留学する徳川家達の見送りのため横浜行き。

明治二十四年　七月十四日　富貴楼に丁汝昌を訪ねたと思われる。海舟の日記には「横浜清艦行。接対甚だ厚情。」との記載がある。

※『海舟日記』では神奈川と横浜の記述が混同されている可能性があるため、「神奈川」及び「金川」と記載されている項目も一部含む。

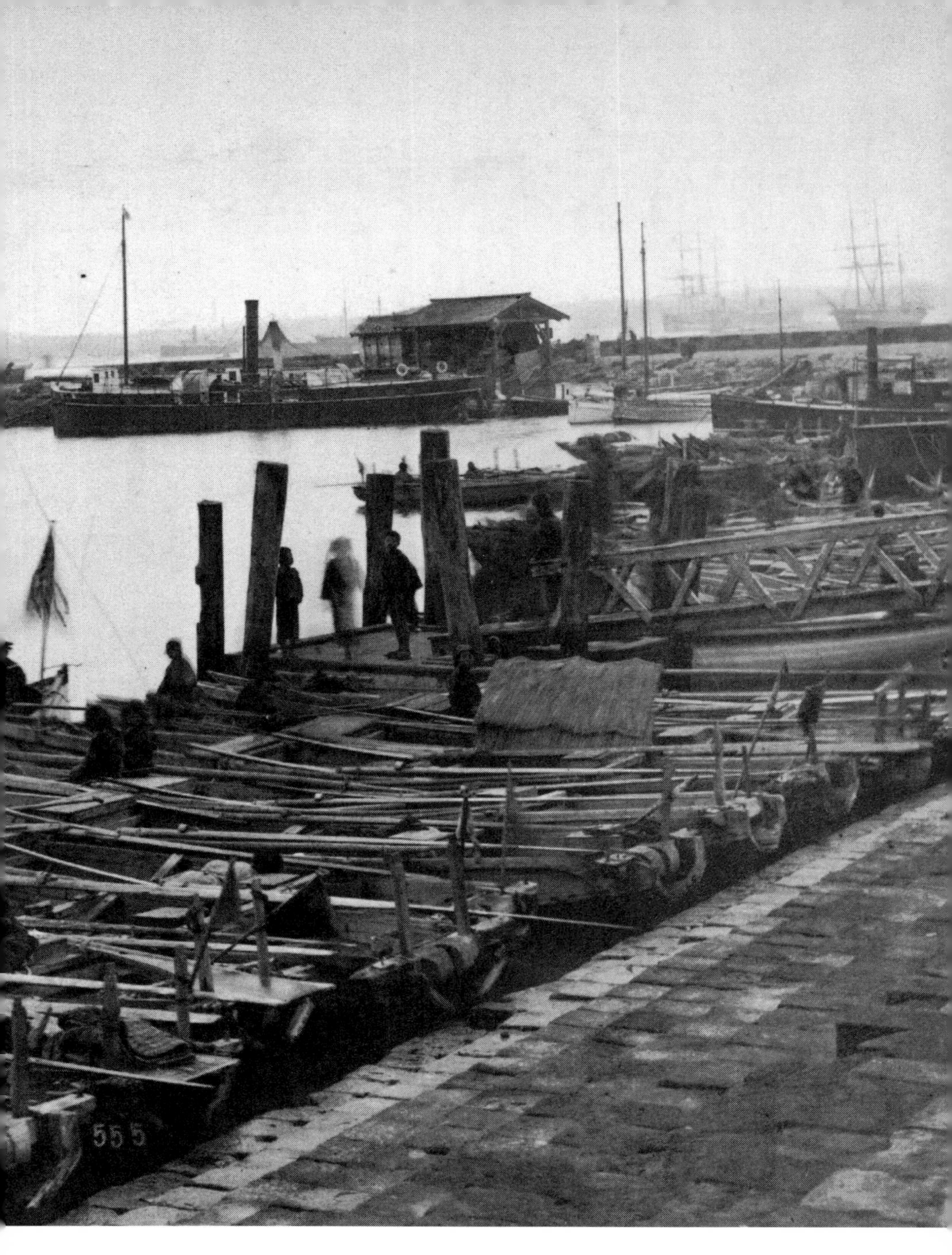
555

明治初期のイギリス波止場。(ニューヨーク公共図書館蔵)

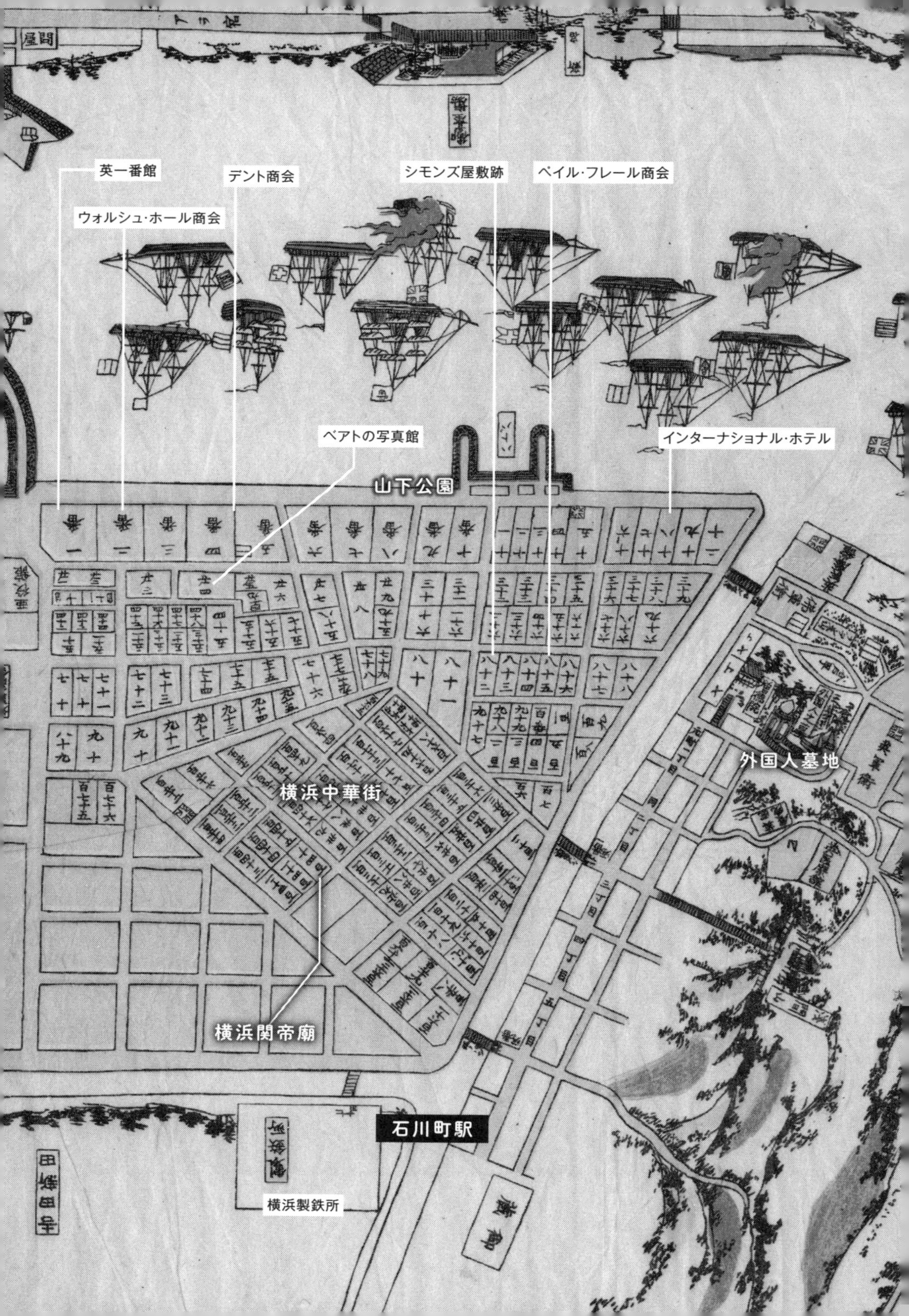

英一番館
デント商会
シモンズ屋敷跡
ペイル·フレール商会
ウォルシュ·ホール商会
ベアトの写真館
インターナショナル·ホテル
山下公園
横浜中華街
外国人墓地
横浜関帝廟
石川町駅
横浜製鉄所

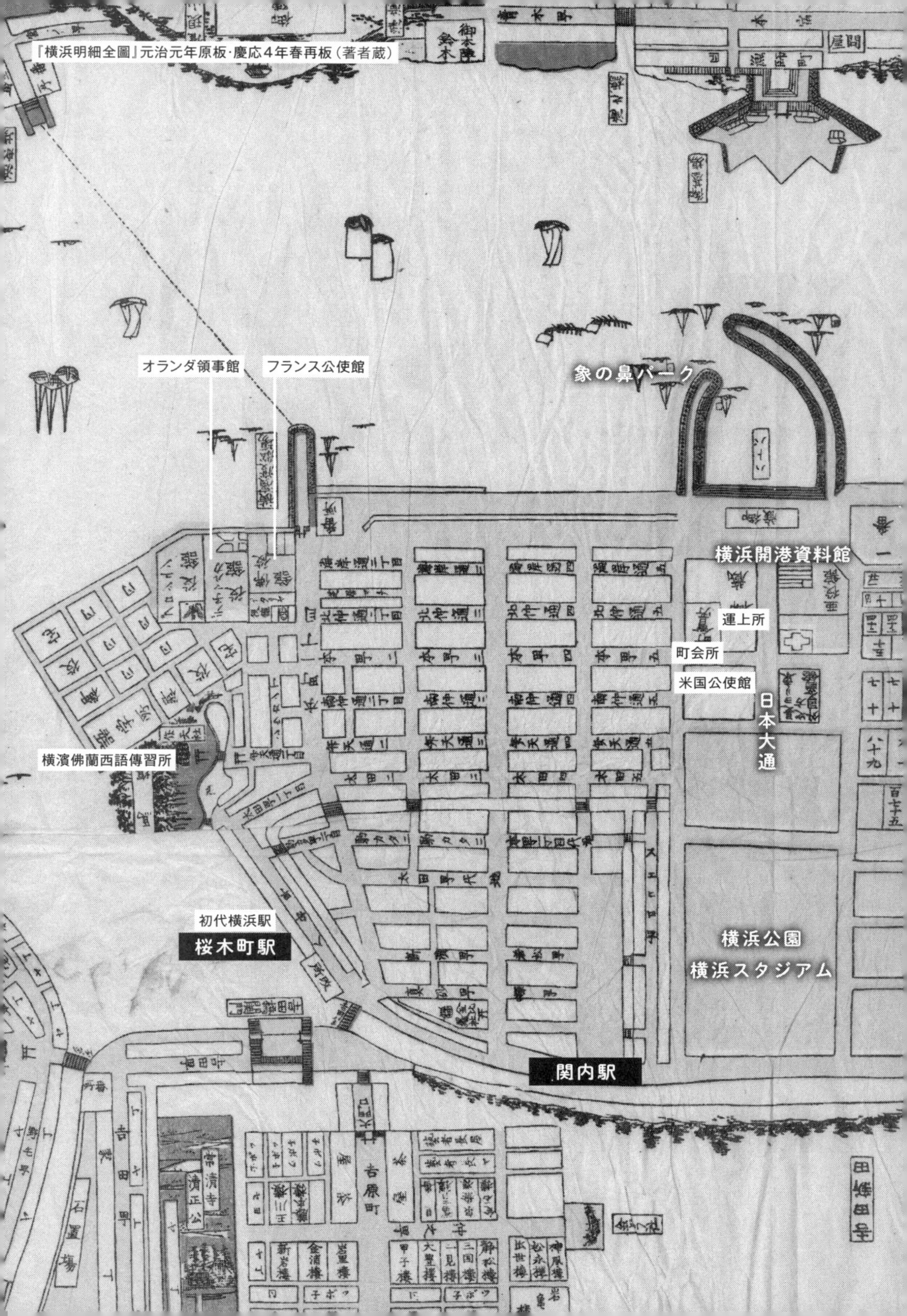

『横浜明細全圖』元治元年原板·慶応4年春再板（著者蔵）

インターナショナル・ホテル跡
横浜市中区山下町18「横浜人形の家」付近

イギリス公使館跡
横浜市中区山手町120付近

ファルケンブルグ公邸跡
横浜市中区山手町27「湘南医療大学横浜山手キャンパス」付近

横浜製鉄所跡
横浜市中区吉浜町1「石川町駅」付近

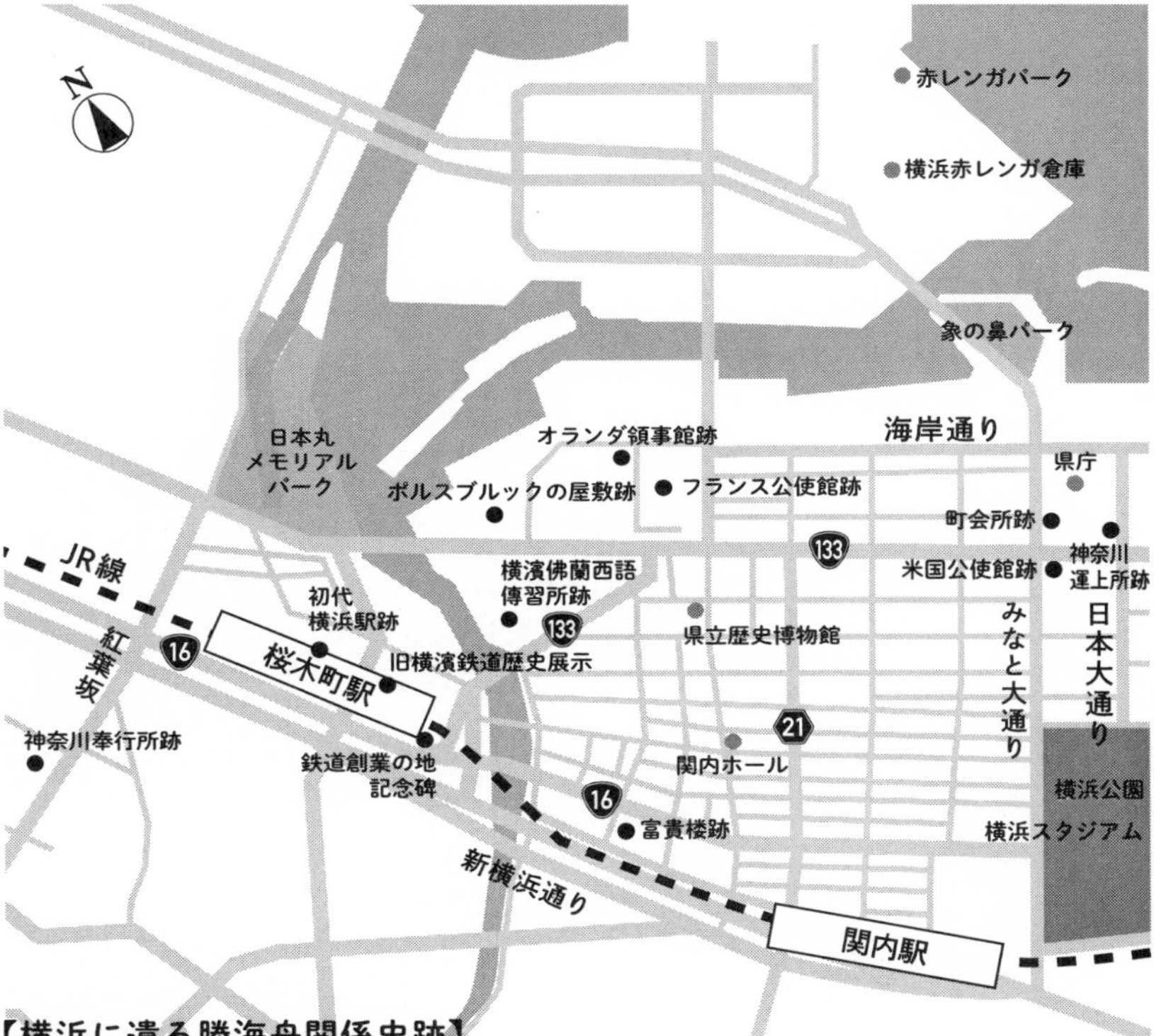

【横浜に遺る勝海舟関係史跡】

神奈川奉行役所跡の碑
横浜市西区紅葉ケ丘9・1

初代横浜駅跡
横浜市中区桜木町1・1「桜木町駅」

旧横濱鉄道歴史展示（旧横ギャラリー）
横浜市中区桜木町1・1「CIAL桜木町」

鉄道創業の地記念碑
横浜市中区桜木町1「桜木町駅」新南口付近

横濱佛蘭西語傳習所跡
横浜市中区本町6・50・10「横浜市役所」付近

ポルスブルックの屋敷跡
横浜市中区北仲通6・64付近

オランダ領事館跡
横浜市中区北仲通5付近

富貴楼跡
横浜市中区尾上町5・80「中小企業センタービル」付近

町会所跡
横浜市中区日本大通9・1・1「本町交番」付近

米国公使館跡
横浜市中区日本大通9「横浜法務合同庁舎別館」付近

神奈川運上所跡
横浜市中区日本大通1

ウォルシュ・ホール商会跡
横浜市中区山下町2

デント商会跡
横浜市中区山下町3・1「県民ホール」北東部

ベアトの写真館跡
横浜市中区山下町24・1「ワークピア横浜ビル」付近

シモンズの屋敷跡
横浜市中区山下町82・8「華僑基督教会」付近

ペイル・フレール商会跡
横浜市中区山下町84・5「エスカル横浜」付近

横浜でも、元はアンナ村サ。
それが、己が段々骨を折つて、江戸の奴を、十万人程送つたよ。
今では、二十万ださうな。それで、あんなに盛んになつた。

『海舟語録』明治三十一年十月七日

山手から見た明治33年頃の横浜市街。(アムステルダム国立美術館蔵)

明治四年十月十日、内田九一によって撮影された断髪直後の海舟。（著書蔵）

【其之五】

戸塚・鎌倉

海舟が旅した
武家の古都

TOTSUKA・KAMAKURA

海舟を招いた戸塚の内山家

日本橋から数えて東海道五番目の宿場町である戸塚宿は、江戸からの最初の宿泊地として多くの旅人に利用された。

また当地は大山詣りで賑わう大山道への分岐点であり、かつ鎌倉・江ノ島へ別れる要所でもあったため多くの参詣者らが足を運んだ。柏尾川に架かる吉田大橋がかまくら道への分岐点で、広重の『東海道五拾三次之内　戸塚』を見ると、橋のたもとに「左りかまくら道」と刻まれた道標が確認できる。

海舟も維新後、鎌倉への道中で戸塚宿に一泊した。明治十七年(一八八四)五月十六日の『海舟日記』に「久留同道にて戸塚駅、内山方行き、一泊。」とあり、翌日鎌倉へ行ったことが記されている。

戸塚へは単に鎌倉への道中に寄っただけではなく、招待があったようだ。同年四月二十五日の『海舟日記』に「久留栄、戸塚宿、内山某へ招対につき同行、頼み申し聞く。」とあり、五月四日「久留栄、十日過ぎ、戸塚へ同伴の事申し聞く」、十二日「久留栄、十五日、戸塚行きの事申し聞く」と続いて、十六日の「久留同道にて戸塚駅、内山方行き、一泊。」に繋がる。

同年七月十一日の日記に「戸塚宿親父」という記載もあるが、これが海舟を招待した内山某と同一人物であろうか。また翌年の明治十八年一月二十九日には「滝村小太郎、鑑〔札〕三枚差し出す。金子拝借の事、談。戸塚。内山仁左衛門。吉井吉也へ十円借遣わす。安生順四郎。」との記載が確認できる。おそらくここに出てくる内山仁左衛門が、海舟を招待した人物だろう。戸塚宿の内山氏といえば、油商「升屋」の内山仁右衛門が知られる。日記の仁左衛門は仁右衛門、あるいはその一族とも考えられようか。

広重によって描かれた江戸時代の戸塚宿。右手に柏尾川に架かる吉田大橋がある。橋のたもとの道標には「左りかまくら道」とあり、ここがかまくら道への分岐点であったことが分かる。戸塚に一泊した後、鎌倉へ向かった海舟も、この道を利用したのであろう。（国会図書館蔵）

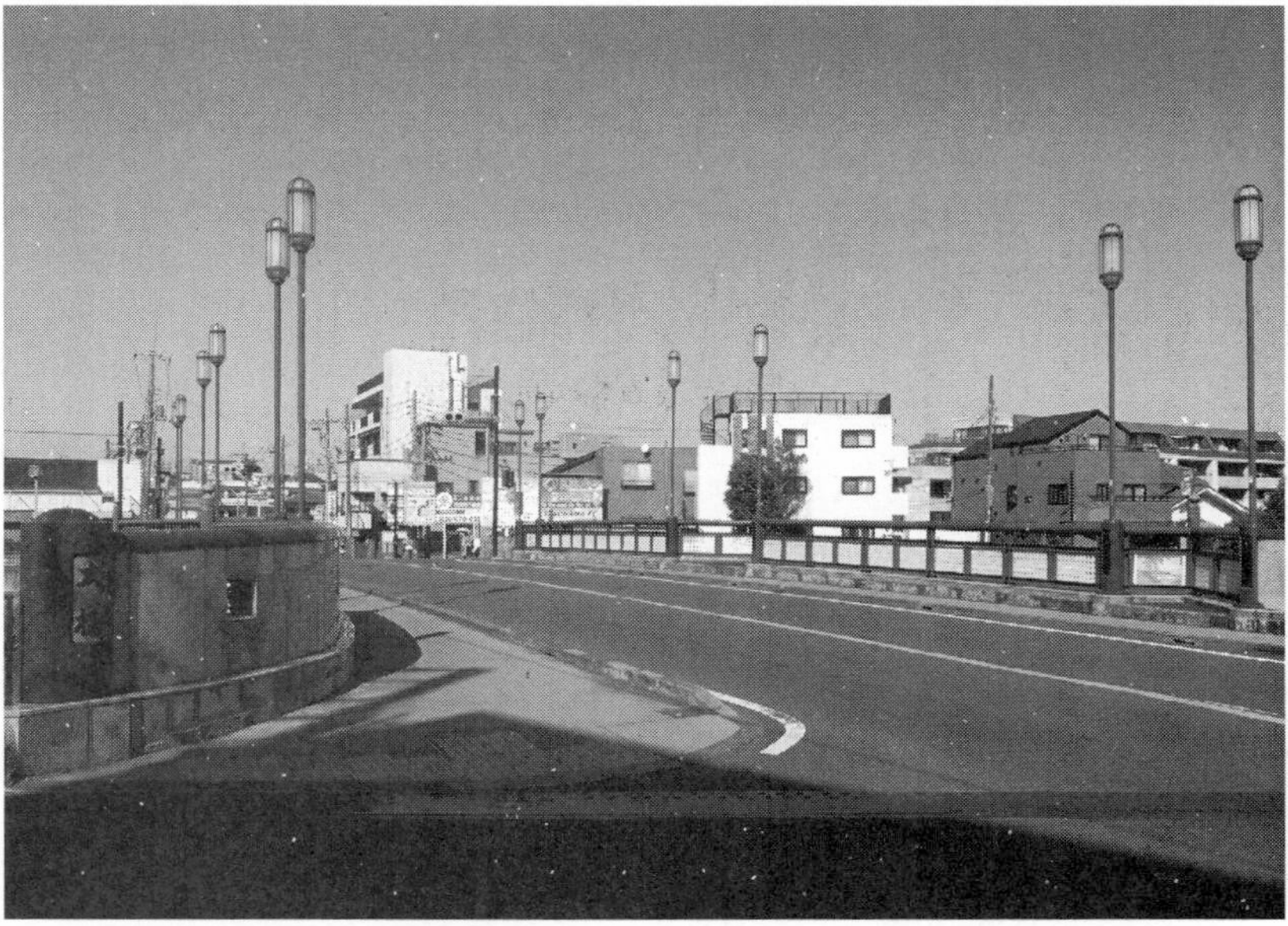

かまくら道への分岐点であった現在の吉田大橋。

幕末から明治時代頃の戸塚の風景。（長崎大学附属図書館蔵）

内山仁右衛門家は戸塚宿三大資産家のひとつに数えられた名家で町年寄を務めた。

海舟を招いたのが、この内山仁右衛門家であるとすれば、当時の当主は六代・仁右衛門豊民である。戸塚の郷土史に詳しい「戸塚見知楽会」の調べによると、内山仁右衛門家の「升屋」は富塚八幡宮の南側にあった。大きな二階屋で、千三百坪の屋敷内に八つの倉があったという。二つの池が水路で繋がっており、船遊びもできたのだとか。残念ながら海舟訪問の確かなところは分からない。

円覚寺

海舟は戸塚の内山方に宿泊した翌日、鎌倉の円覚寺に行き、管長である今北洪川《こうぜん》を訪ねた。この日の日記に「鎌倉円覚寺、〔今北〕洪川師ヲ訪う。」とある。

円覚寺は鎌倉時代の後期、執権北条時宗が蒙古襲来による殉死者を敵味方の区別なく弔うべく、宋の高僧・無学祖元を迎えて建立した禅宗寺院である。

『氷川清話』に次のような海舟の語りがある。

「北条氏の仏法に帰依したのを見て、単に禅に凝つたと思ふのは間違ひだヨ。これもその大目的は経済

内山仁右衛門家の「升屋」は現在の富塚八幡宮の向かい、戸塚道路沿いにあった。海舟が宿泊したのは、当地であっただろうか。

海舟が訪れた頃より変わらない、円覚寺の山門。

のためサ。当時宋が亡んで、元が起るときだつたから、北条氏は宋の明僧智識を多く招いて五山を聞き、盛んに仏法を信じた。そこでかの「電光影裏截二春風一」の無学禅師を初めとして、宋の人民が引きもきらず、続々と日本へやつて来るにつれて、銭の輸入は実に驚くほどであつた。この事は、宋元通宝の我国に存することが現におびたゞしいのを見ても分る。つまり仏教を信じたのも、経済に利用するためサ。しかし、利用といつても、真正の信仰がなくては、宗教の利用は出来ないヨ。」

海舟の北条氏に対する評価は極めて高く「おれも幕末の時に、果して北条氏の決心に倣ひ得るか得ないかと、白から省みて考へたら、とても自分は倣ひ得ないと悟ったヨ」などとも語っている。

海舟もくぐったであろう円覚寺の山門は、天明五年（一七八五）に再建されたもので、神奈川県指定重要文化財となっている。

今北洪川

海舟が訪ねた今北洪川は二十五歳で大悟した後、備前曹源寺の儀山善来に学んでその法を嗣いだ。安政五年に周防岩国の永興寺の住職に招かれると、文久三年には周防国岩国領主である吉川経幹《つねまさ》のため、『禅海一瀾』を著した。吉川経幹は長州征伐の危機の中、本家である長州藩のため奔走したことで知られる。

やがて明治八年、洪川は鎌倉円覚寺の管長に抜擢され、禅の教化と一般への普及に努めた。

海舟は洪川に会った印象を『氷川清話』において次のように語っている。

「今北洪川は、かつてその名を聞いて居たから、一度訪問して見たが、あの人は、少し俗気がある。近代の僧門では、どうしても行誡が一番だらうヨ」。

昭和三十九年に再建された円覚寺の仏殿（上）と、国宝に指定されている舎利殿（下）。

今北洪川（『臨済録講話・釈宗活全集第一巻』）

洪川と対に挙げている行誡とは浄土宗管長を務めた福田行誡である。伝通院学頭や増上寺法主、知恩院門主などを歴任した浄土宗の僧で「明治第一の高僧」と呼ばれた。

洪川が円覚寺の管長となった同じ年、山岡鉄舟や鳥尾小弥太らが洪川を拝請し、東京湯島の麟祥院にて宗派によらぬ参禅会「両忘会」を結成している。これに海舟も関係していたという説があるようだが、『氷川清話』での発言などから、やはり海舟と洪川の対面は円覚寺を訪ねた時が初めてであったのではないだろうか。詳細は分からないが、いずれにせよ海舟も若い頃、剣の師である島田虎之助の勧めで禅修業に励み、その胆力を養ったことを自身で語っている。

鶴岡八幡宮境内の白旗神社

ところで海舟はこの鎌倉行きの際、鶴岡八幡宮へも参ったであろうか。

鶴岡八幡宮は鎌倉幕府を築いた源頼朝の祖先・源頼義が、京都石清水八幡宮を勧請したことにはじまり、その後、頼朝によって現在の地に遷された。鎌倉幕府や東国社会の守護神であり、いわば武家社会の起点ともいえる。

海舟もやはり頼朝を評価しており、『氷川清話』では、頼朝の名を次のように挙げている。

「昔の人は根気が強くて確かであつた。免職などが怖くてびく〳〵するやうな奴は居なかつた。その代り、

明治時代の鶴岡八幡宮の古写真。（ニューヨーク公共図書館蔵）

現在の鶴岡八幡宮の様子。

もし免職の理由が不面目のことであつたら、潔く割腹して罪を謝する。決して今の奴のやうに酒蛙々々《しやあしやあ》としては居ない。もしまた自分のやり方がよいと信じたなら、免職せられた後までも十分責任を負ふ。後は野となれ山となれ主義のものは居なかつた。またその根気の強いことゝいつたら、日蓮や頼朝や秀吉を見ても分かる。彼らはどうしても弱らない。どんな難局をでも切りぬける。しかるに今の奴らはその根気の弱いこと、その魂のすわらぬこと、実に驚き入るばかりだ。しかもその癖、いや君国のためとか何のためとか、太平楽を並べて居るが、あれはたゞ口先ばかりだ。」

現在の白旗神社。

実は海舟が鎌倉から帰った翌月、六月十日の日記に「鎌倉宮司箱崎博尹、頼朝の宮建立につき、奇〔寄〕附金の事歎願」といった記述がある。

箱崎博尹は、華頂宮家の侍医を務めた人物で、明治二年に鶴岡八幡宮の総神主となった。明治十五年（一八八二）には鶴岡八幡宮の国幣中社昇格にともない、初代宮司となっている。日記にある「頼朝の宮建立」とは鶴岡八幡宮境内の白旗神社のことだと思われる。

白旗神社は正治二年（一二〇〇）、頼朝を祭神として北条政子が創建したと伝わる。もとは本宮の西側に建立されていたが、明治十八年（一八八五）に源実朝を祀る柳営社と合祀され、現在地に遷された。時期から考えると海舟への寄付依頼は、この合祀に伴うものであろうか。寄附金のその後がどうなったのかは判然としないが、海舟への依頼は、鎌倉行きの際に何らかの接点があったのかもしれない。

幕末維新と建武の新政

後醍醐天皇の皇子である大塔宮《だいとうのみや》・護良《もりなが》親王を祀る鎌倉宮は明治二年の創建であるが、海舟をはじめ幕末維新の人々にとって、非常に関わりの深い神社のひとつだといえる。

というのも、天皇を擁して倒幕を目指した幕末の尊攘派志士たちは、鎌倉幕府を倒した後醍醐天皇の建武の新政をひとつの指針としていた。とくに新政の瓦解後、死を覚悟で後醍醐天皇に殉じた楠木正成の存在は水戸学の影響もあって、吉田松陰や西郷隆盛、高杉晋作、坂本龍馬などなどが憧憬の念を抱き、各地で楠木の遺徳を偲ぶ「楠公祭」が執り行われた。

楠木に対する憧れは尊皇という点において、もちろん

明治大正時代の鎌倉宮。（『日本名勝旧蹟産業写真集 関東地方之部』富田屋書店）

現在の鎌倉宮に遺る護良親王幽閉の土牢。

幽閉された護良親王。(『後醍醐天皇第三皇子大塔宮護良親王誦読於鎌倉土牢法華経図』芳年/国会図書館蔵)

佐幕派にとっても同様で、新選組の近藤勇なども楠木を尊敬していた。近藤からすれば孝明天皇に仕え、京の治安維持に尽くしている我々こそが、楠木正成だという想いがあったのだろう。

海舟もまた文久三年、神戸海軍操練所の設立に奔走していた頃に、門下の坂本龍馬と楠木の墓所を参ったと伝わる。

幕末の時代、楠木正成は一大ブームであった。よって楠木と対峙した足利尊氏は逆臣とされ、文久三年には京都等持院に安置されていた室町幕府の初代将軍・足利尊氏、及び二代義詮、三代義満の木像から首が外され、三条河原に晒し首にされるという事件も起こった。

後醍醐天皇の皇子である護良親王も尊氏とは因縁が深い。各地を転戦の末、鎌倉幕府壊滅後の建武政権では征夷大将軍に任じられた護良親王であるが、尊氏との対立が激化し、ついには捕らえられ、鎌倉の東光寺に幽閉された。

そして約十ヶ月の後、尊氏の弟・足利直義の命によって殺害された。

海舟の書が納められた鎌倉宮

やがて維新後の明治二年、明治天皇は建武の新政に尽力しながらも

明治天皇が行幸した際の行在所が宝物殿となっており、海舟の書軸（写真中央）などが納められている。

不幸な最期を遂げた護良親王を想い、親王が幽閉されていた東光寺跡地に神社の造営を命じ、自らこれを「鎌倉宮」と名付けた。

明治六年四月十六日には明治天皇の行幸もあった。「八時三十分、護良親王を奉齋せる鎌倉宮に幸し、本殿階上の御座に著き、玉串を奠して御拝あり、又幣帛料を供せしめたまふ」と『明治天皇紀』にある。

実は幕末の海舟にも護良親王と関係する逸話がある。慶応二年のこと。海舟は九月二日、第二次長州征伐の停戦会談を厳島の大願寺にて命がけで行い、これを成功させた。その際、厳島神社に護良親王の短刀を奉納しており、後年、自身で次のように語っている。

「この度の使命もまづまづ首尾よく果して一安心したから、記念のためにもと、差して居つた短刀を厳島神社へ奉納した。これは護良親王の御品であつたといひ伝へるのだが、

明治時代の鎌倉の風景。（ニューヨーク公共図書館蔵）

おれの体も今後どうなるか分からないから、かたがた宝物を安全に保存する策だと思つて奉納したのだ。しかしこの時神官もおれをどこの馬の骨だかと思つたと見えて、容易には納めてくれなかつたが、十両の金子を添えて漸《ようやく》く納めて貰つた。ところが今日ではなか〱大切にして居るとかいふ事だ。」

海舟が鎌倉を訪れた際、鎌倉宮にも足を運んだかは分からないが、境内の宝物殿には海舟の書軸も展示されている。ただしこの軸は、海舟が納めたものではなく、後の時代に買い求めたもののようである。

吉田大橋
（広重の浮世絵 戸塚宿）
上野東京ライン
横浜市営地下鉄
横浜市営地下鉄
戸塚駅
戸塚
区役所
東海道本線
横須賀線
柏尾川
富塚八幡宮
高島橋
内山仁右衛門家跡
【戸塚に遺る勝海舟関係史跡】
内山仁右衛門家跡
横浜市戸塚区戸塚町3864付近

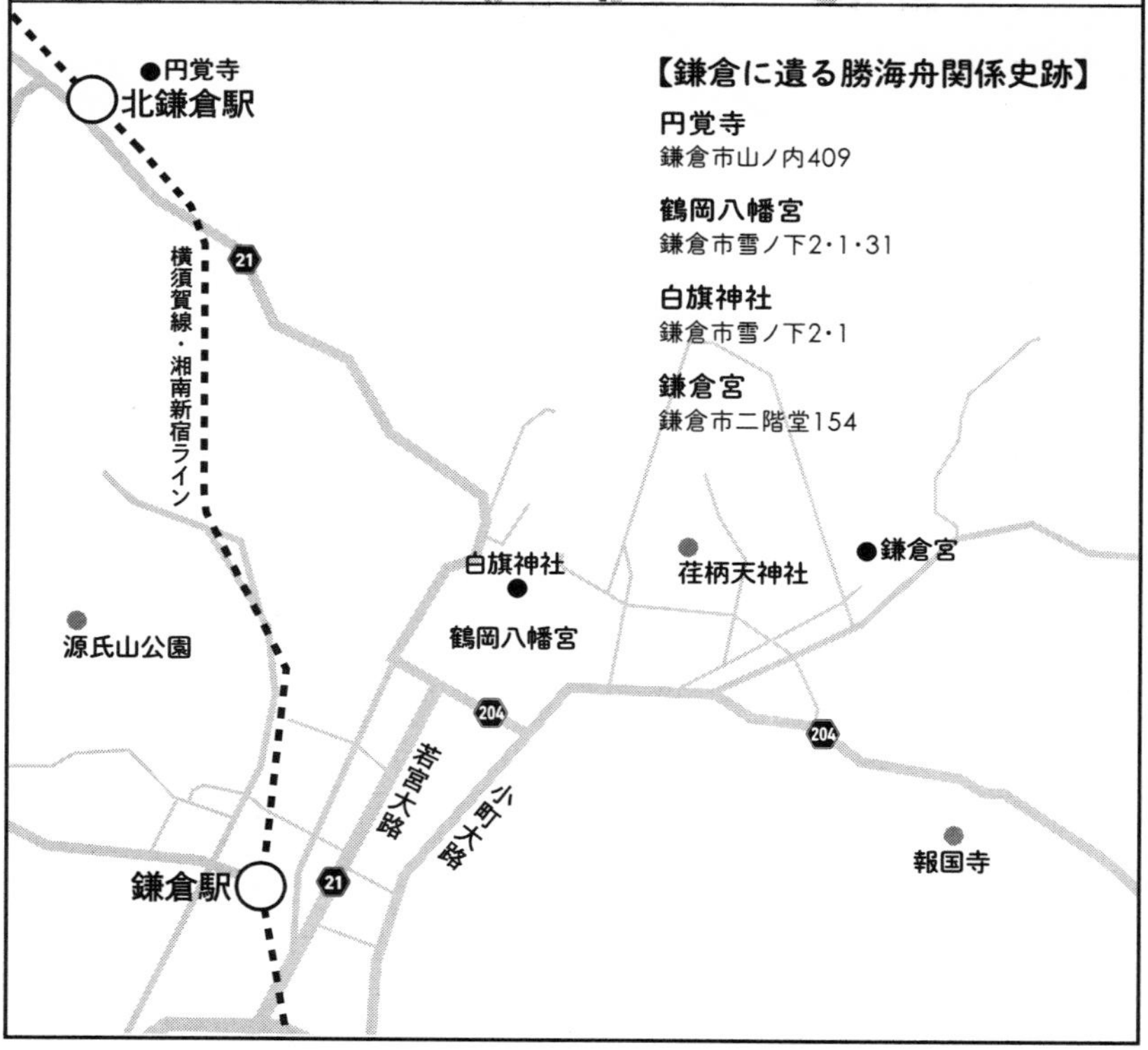
円覚寺
北鎌倉駅
【鎌倉に遺る勝海舟関係史跡】
円覚寺
鎌倉市山ノ内409
鶴岡八幡宮
鎌倉市雪ノ下2・1・31
白旗神社
鎌倉市雪ノ下2・1
鎌倉宮
鎌倉市二階堂154
横須賀線・湘南新宿ライン
白旗神社
荏柄天神社
鎌倉宮
源氏山公園
鶴岡八幡宮
若宮大路
小町大路
報国寺
鎌倉駅

【其之六】

藤沢・湘南

風光明媚な明治の保養地に遺る
海舟と家族の息吹

FUJISAWA・SHONAN

幕末から明治時代頃の藤沢付近の風景。（横浜開港資料館蔵）

海舟が宿泊した藤沢宿の植松屋

戸塚宿に続く東海道六番目の宿場町・藤沢宿は江戸時代、多くの街道が集まる交通の要所であった。東海道を筆頭に、大山詣に向かう大山道、江ノ島弁財天詣への江の島道、さらに鎌倉道や八王子道、厚木道と各地へ繋がる分岐点として賑わった。

幕末から明治にかけて、忙しく東海道を往復した海舟も、時に藤沢に宿をとることがあった。明確になっているのは明治二年（一八六九）の十二月だ。

徳川家の駿府移封に伴い、海舟も静岡へ移ったが、新政府からの呼び出しは度々で、東京での長期滞在を余儀なくされた。同年六月、東京に呼び出された海舟は翌月、外務大丞に任命されたが、直ちに辞意を表明した。困った大久保利通に対し、慶喜の謹慎が解除されるならばと交渉も行ったが、結局、約一ヶ月で免官が認められた。

ただし同年十一月二十三日、今度は兵部大丞に任命さ

江戸時代の浮世絵に描かれた藤沢宿
（メトロポリタン美術館蔵）

れた。やはり直ちに辞意を表明した海舟は、母が重病であることなどを理由に、静岡へ帰る手続きをはじめた。

そして十二月二十日、東京を出立し、この日は藤沢宿に宿泊した。海舟の日記に「出立。藤沢、植松屋一泊」とある。「ふじさわ宿交流館」発行の『文久二年東海道藤沢宿復元図（平野雅道監修）』によると、大鋸橋を渡り、清浄光寺（游行寺）の黒門へ向かう西側に「植松や　仙太郎」との記載が確認できる。ここが海舟の宿泊した植松屋であろう。ちょうど現在の「ふじさわ宿交流館」より、道を隔てた向かい側が、その跡地にあたる。

また文久三年の藤沢宿の記録『環御之節御旅館宿割東海道「藤沢惣家別書上帳（藤沢市史料集　十四）』には「植松や　仙次郎」との記載も確認できる。「環御之節」とあるので、上洛した将軍家茂の帰府における藤沢宿の記録であろう。ここに大目付の伊沢政義（美作守）と岡部長常（駿河守）が宿泊した貼り付けがあり、それなりの要職にあった人物が泊まるに相応しい宿であったことが窺える。同書には「間口四軒・奥行五軒半・畳三

広重の『東海道五拾三次』に描かれた藤沢宿。大鋸橋（現在の遊行寺橋）が左手にあり、渡った先の石段の上には遊行寺が確認できる。（国会図書館蔵）

大鋸橋と遊行寺が描かれた『東海道名所之内 ふぢさは遊行寺』。（国会図書館蔵）

かつては大鋸橋と呼ばれた現在の遊行寺橋。境川を渡るために架けられた。

明治・大正時代の大鋸橋。（藤沢市文書館蔵）

海舟は大鋸橋を渡り、遊行寺山門の手前にあった宿屋「植松屋」に宿泊した。現在の「ふじさわ宿交流館」（写真右端）から道を挟んだ向かい（写真左端）がその跡地にあたる。

畳・六畳・八畳・四畳半二間・惣畳数廿六畳・惣坪数廿二坪」とあり、さらにもう一枚「畳八畳・三畳・四畳半・惣畳数廿八畳半」「奥座敷　畳六畳・十畳・惣畳数十六畳」「二階　六畳三間」と綴られた紙が貼り付けられている。

海舟は植松屋に宿泊し、翌日湯本に着いたことを日記に綴っている。

海舟揮毫の石碑が建つ小笠原東陽の「耕余塾」跡

東海道を平塚方面に進んで行き、引地川を渡った先の羽鳥には明治時代、小笠原東陽が開いた「耕余塾」という私塾があった。

東陽は天保元年（一八三〇）に作州勝山藩士の家に生まれた。三歳の頃に父の死により、姫路藩士・奥山家の養子となり、昌平坂学問所などで学んだ。文久元年（一八六一）からは姫路藩主酒井家に仕え、江戸藩邸内の学問所で副督学を務めている。

維新後は池上本門寺で漢学を教えたが、その生徒に羽鳥

「耕余塾」の跡地。入り口には当時の門が再現されている。

村の名主・三觜《みつはし》八郎右衛門の弟、八郎がいた。そんな関係から東陽は羽鳥村に移り、三觜家の求めに応じて明治五年（一八七二）、廃寺となっていた徳昌院に「読書院」を開いた。これが「耕余塾」のはじまりである。

実はこの年、太政官による「学制」が発さられたため、「読書院」は羽鳥学校（現在の藤沢市立明治小学校）となるのだが、東陽はこれとは別に「読書院」を私塾として存続させ、中等教育を行った。この私塾には多くの生徒が集まり、やがて「耕余塾」と名付けられ、明治十一年には塾舎も新築された。

東陽は明治二十年（一八八七）に肺結核で亡くなり、「耕余塾」は娘婿の松岡利紀によって継続され発展していった。その後、塾は明治三十年（一八九七）の暴風によって、塾舎が倒壊し閉塾となる。その間、千人を超す生徒が育ち、吉田茂や「味の素」の鈴木三郎助などもここに学んだ。

当時十一歳であった吉田茂が「耕余塾」に学んだのは、自由党の副総裁であった中島信行の勧めであったという。土佐藩出身の中島は、坂本龍馬の海援隊に所属したことでも知られ、

海舟が碑銘を揮毫した「小笠原東陽先生碑」。

維新後には神奈川県知事を務めた。中島の長男・久万吉もやはり「耕余塾」に学んだひとりである。

現在、「耕余塾」の跡地には当時を再現した門が建てられ、「小笠原東陽先生碑」とその由緒碑が設置されている。「小笠原東陽先生碑」の碑銘は海舟の筆によるものだ。この碑は明治二十五年（一八九二）に建立されたもので、大正五年（一九一六）に明治小学校に移された後、現在の「耕余塾」跡に設置された。海舟と東陽の接点は分からないが、関係者からの依頼により、揮毫したものだと思われる。

賀来神社と海舟揮毫の扁額

江ノ電・鵠沼駅の駅前には、海舟に縁のある神社が建立されている。かつて東京神田の豊後国府内藩邸にあった賀来神社だ。

賀来神社の本家は、府内藩が治めた現在の大分県に鎮座している。柞原《ゆすはら》八幡宮（大分市）の摂社として平安時代に創建された善神王宮《ぜんじんおうぐう》（杵築市熊野）が前身で、これを貞観十一年（八六九）、豊後国司が賀来村に移し、以来賀来神社と呼ばれるようになった。

そして江戸時代、大給《おぎゅう》松平家の松平忠昭が豊後国府内藩に入封し、以後、賀来神社は同家の氏神となった。

その後、賀来神社は江戸の神田淡路町にあった上屋敷にも分霊され、社殿や拝殿、神楽堂までが設けられた。

やがて幕末。幕府の若年寄を務めた藩主・松平近説《ちかよし》は戊辰戦争が勃発すると職を辞し、幕府と袂を分かつべく松平姓から大給の姓に改めて、新政府に恭順した。

明治五年(一八七二)には本邸である神田の旧上屋敷から、本郷駒込千駄木坂下町の旗本小笠原順三郎邸跡(現在の千駄木三丁目十三番地付近)に移り、その際賀来神社も同地に遷座された。

賀来神社が、さらに鵠沼へ移された背景には、大給家による鵠沼海岸の開発事業があったことが『鵠沼を語る会』の会誌などで言及されている。

明治二十年代、鵠沼一帯の砂丘地を所有していた大給家は、はじめここに御用邸の誘致を目指したという。そのため、当地の価値水準を上げるべく、名士らに別荘を買うよう奨めたのだが、御用邸は葉山に決まり、計画は

賀来神社の拝殿横には、天明元年(一七八一)に大給松平家が神田の江戸上屋敷に建立された「善神王宮」の祠が鎮座している。「善神王宮」は杵原八幡宮の摂社として創建された賀来神社の前身である。海舟も明治時代に大給家を訪れた際、この祠を参拝したであろうか。祠の鳥居横には、当時の手水鉢も確認できる。

失敗に終わった。大給家は資金回収のためにも、所有する界隈の土地分譲を本格的に進め、明治三十八年（一九〇二）には、賀来神社を当地の守護神とすべく、ここに遷座した。

現在、神社の門前には海舟の筆で「賀来神社」と刻まれたサーフボード型の石碑が建立されている。この揮毫は社殿や鳥居の扁額をはじめ、手水鉢などにも使用されている。

海舟がこの社名を揮毫したのは明治二十年（一八八七）のことだと伝わる。伯爵の爵位を受けた海舟は、その挨

1

2

4

3

【1】賀来神社の門前に建つ海舟揮毫の碑。台座には「明治二十年、伯爵の爵位を授かった時、崇敬する賀来神社へ一番気に入った名前『海舟勝安房』と記して奉献された大変貴重な拝書です。」との説明が刻まれている。【2·3】現在の賀来神社拝殿。拝殿にも海舟が揮毫した扁額が掲げられている。【4】手水鉢にもやはり海舟の揮毫が刻まれている。

大給近道（三の丸尚蔵館蔵）

拶に千駄木坂下町の大給邸を訪れたそうだ。当時の当主は近説の養子・近道である。海舟は大給邸の賀来神社にも参拝し、その際に神社名を揮毫したのだという。

海舟の妻・民子が入院した南湖院

かつて茅ヶ崎市南湖には「東洋一のサナトリウム」と謳われた南湖院《なんこいん》という結核療養施設があった。南湖院を開設したのは高田畊安である。

畊安は文久元年（一八六一）に丹後国綾部藩医の家に生まれ維新後、京都医学校に学んだ。その際、同志社の新島襄に傾倒し、明治十五年（一八八二）には洗礼を受けてキリスト教徒となった。

明治時代の南湖院。（『日本之名勝』史伝編纂所）

明治十七年（一八八四）の春、京都医学校を卒業した畊安は、更なる医学研鑽のため東京帝国大学医科大学に転じた。卒業後は大学でベルツの助手などを務め、明治二十九年（一八九六）年に東京神田駿河台に東洋内科医院を開設した。南湖院は結核患者のため、その分校として明治三十二年（一八九九）に建てられたものである。

南湖院の開業にあたり最初の入院者は三人であった。そのひとりが海舟の妻・民子である。海舟は同年一月に没していた。

右から海舟の妻・民子、海舟の嫡男・小鹿の娘・伊代子、海舟二女で疋田正善の妻となった疋田孝子。その隣で赤ん坊を抱いているのが、孝子の長女で、高田畊安と結婚した輝子である。抱かれているのは長男の安正。（画像提供：「南湖院記念 太陽の郷庭園」）

実は畊安と海舟は親戚関係にあたる。海舟の次女・孝子は疋田正善に嫁ぎ、長女・輝子をもうけた。明治二十五年（一八九二）、その輝子と結婚したのが畊安である。

畊安の次男・重正の日記に「母上・高田テルの履歴」という以下の一文が記載されていることが、『南湖院と高田畊安（安川原利也著）』に紹介されている。

「明治元年十一月十一日静岡に生まる。父・疋田正善・母・孝子。

海舟の妻と娘たち。左から三女の逸［目賀田種太郎の妻］、夢［長女・内田誠故の妻］、海舟の妻・民子、孝［海舟二女・疋田正善の妻］。（髙山みな子氏蔵）

明治五年東京赤坂氷川町に移る。赤坂小学校卒業。赤坂教会にてワデル宣教師より受洗。その後（二十二、三歳の頃）赤坂榎坂町五番地（現在、湯浅太郎氏在所）の幼稚園の保母を勤む。明治二十五年四月赤間開太氏会の媒酌により高田畊安と結婚。式場（下谷教会・司式奥野昌綱師）。昭和十六年十二月十五日午後四時永眠 —— 老衰のため」

媒酌人の赤間開太という人物についてはよく分からないが、キリスト教に関係のある人物であろうか。輝子の母・孝子は非常に熱心なキリスト教徒であった。その様子は商法講習所の教師として来日したウィリアム・ホイットニーの娘・クララの日記からも窺える。

クララは明治十三年（一八八〇）一月にアメリカへ帰国するが、明治十五年（一八八二）の十一月に再来日した。再来日直後の十一月二十五日の日記に「疋田夫人と内田夫人はお子さんといっしょな洗礼を受けておられた」とあり、孝子と輝子は、明治十三年から十五年十一月の間にキリスト教徒になったことが分かる。ちなみに同日の日記には「輝ちゃんはここ数ヶ月の間肺病のような病気にかかっている。」といった記載もあり、当時、輝子の体調は優れなかったようだ。

同年五月八日の日記にも、興味深い記述がある。

高田畊安（『平和主神武天皇』南湖院）

クララの母・アンナは再来日後に病没し、青山霊園に葬られた。墓碑には旧約聖書の言葉が海舟の筆で刻まれている。『コヘレトの言葉』第十二章七節の「塵〈身体〉は元の大地に帰り、霊は与え主である神に帰る」が「骸化土霊帰天」と刻まれ、ホイットニー親友　勝安芳誌とある。また裏面にもやはり海舟の筆で『ハバクク書』二章四節が「義人必由信而得生　録聖書之語」と刻まれている。

五月八日の日記に、クララと孝子がこの墓を参ったことが記されており、その際に孝子は次のように語ったようだ。

「私は新しい考えを持っているので夫の家族とごたごたしています。東京にお寺と墓地があり、私はそこに異教の儀式でいつかは埋葬されるのです。私はクリスチャンになったのだから、異教徒として仮装にされ埋葬されることには同意できません、皆に言いました。～略～そして今私はお母様のそばにキリスト教の儀式で埋葬されたいと思います。火葬のおそらしさを考えるといつも死ぬのがこわくなります」

孝子のキリスト教に対する想いが窺える。長女の輝子もその影響を受けたであろう。

一方、畊安も熱心なキリスト教徒であったが、その宗教観は独特で神武天皇とキリストを同一視する思想を有していた。南湖院の精神にもキリスト教の観念が強く影響されており、単なる医療施設ではなく、宗教者としての救済への想いや使命感が融合される形で運営された。畊安はイエスを医王と呼び、

高田家に伝わる晩年の海舟の写真。

「南湖院記念 太陽の郷庭園」に建つ高田畊安碑。表（写真右）にはイエサヤ豫言として、神武天皇とキリストを同一視した畊安独特の宗教観が刻まれている。裏面（写真左）には畊安と輝子の系図が刻まれており、海舟の名前が確認できる。

クリスマス行事として毎年開催された「医王祭」には大勢の人々が招かれた。

海舟自身は洗礼を受けることはなかったが、キリスト教には深い理解を示していた。畊安が傾倒した新島襄とも親しく、新島の墓碑もやはり海舟の揮毫による。さらに畊安が助手を務めたベルツは、勝家にも診断に訪れる関係であった。

輝子が結婚した明治二十五年の『海舟日記』には畊安の名前も散見している。

四月十六日の項に「堤正誼。疋田聟《むこ》、父子、高田〔畊安〕、山田。海江田信義。」、同年十月廿三日には「目賀田、地所代二百五十円遣わす。先日、疋田聟、高田〔畊安、疋田輝子の夫〕へ三百円遣わす。」とあり、海舟は畊安に三百円、与えたようだ。

晩年に語られた新婚当時の様子

畊安と輝子は晩年まで仲睦まじかったようだ。輝子が亡くなる五年前の昭和十一年の読売新聞に「ふたりは若ァーい」というコラムがあり、夫妻のインタビューが掲載されている。「今もなほ、新婚當時の如し」の見出しに続いて、次のインタビューが続く。

「私達の結婚は、ドクトル・ホイットニー有名な人ですね、あの方や當時横濱の税関長だつた目賀田男爵の夫人（逸・海舟の三女※著者註）、明治時代の貴婦人で可成り知られてゐますナ、さうした方々が陰で大變骨を折つたらしいんですよ、家内は何しろ勝海舟先生の孫に當たるんですから、まア騒がれたんですナ、見合いつて別に屋敷へ出掛けて一度坐つてゐるのを横から見たゞけですよ」

「いゝえ、違ひますよ、お父さんとは別々にいらしつて、あの守田ヨネ（森田米・海舟邸に仕えた海舟の妾※著者註）の作つてくれた献立で、私、御飯をよそつてあげたぢやありませんか」

「あゝさうだつたか、確かそんな、あ、さうだね、さうだ」

畊安博士、松林の芝生の蠅取花のやうに頬を紅くした

「ぢや、あなた、結婚の日は覚えていらつしやいます」

誠意年とともに薄れしとみてか、六十七歳になつても勝海舟の孫、追撃の手を弛《ゆる》めない

「明治廿五年の春、四月、五月にはならないと思つたが……四月」

「十四日で御座いますよ」

「さう〱忘れもしない十四日、日本キリスト教會の前身である下谷の教會で、奥村正綱氏司會で…新居は駿河臺の鈴木町　私は家内を大事にしましたよ、私の父はとても暴君でしてね、母を毆るのが毎日のやうでね　幼い私が手を突いて母の代わりに何度か詫びたものですよ、母は可哀さうでした、その辛い經驗

から、私は甘過ぎる位ゐ可愛がりましたよ」
夫人はコツクリとうなづいて、初めてニツコリとした

ふたりは若ァーい
今は昔の想ひ出ばなし
（十）

父は暴君だつた
だから私は妻を甘やかした
―今もなほ、新婚當時の如し―

【夫】[illegible] 高田畊安博士（七六歳）
【妻】テル子さん（六七歳）

江ノ島を左に、霞んだ伊豆の山山を右に、茅ヶ崎の海はサナトリウム南湖院の松林の裾を洗つてゐる、波の響きと松風の音、白い「[illegible]」の部屋—

「私達の結婚には、ドクトル・ホイツトニー有名な人ですね、あの方や當時[illegible]だつた[illegible]田男爵の夫人、明治時代の[illegible]人で可成り知られてゐますナ、さうした方々が骨折つたらしいんですよ、家内は何しろ[illegible]先生の孫に當るんですから、まア騒がれたんですナ、見合ひつて別に、[illegible]へ出掛けて一度座つてゐるのを横から見ただけですよ」

「いゝえ、違ひますよ、お父さんとは別々にいらしつて、あの守田ヨネの作つてくれた献立で、私、御飯をよそつてあげたぢやありませんか」

「あゝ、さうだつたか、誰かそんな、あ、さうだね、さうだ」

畊安博士、松林の[illegible]の[illegible]のやうに頬を紅くした

「ぢや、あなた、結婚の日は覚えていらつしやいます」

[illegible]年とともに[illegible]しとみてか、六十七歳になつても[illegible]の[illegible]、退屈の手を[illegible]めたい

「明治廿五年の春、四月、五月にはならないと思つたが…四月」

「十四日で御座いますよ」

「さう〳〵忘れもしない十四日、日本キリスト教會の前身である下谷の教會で、[illegible]氏司會で…新婚は駿河臺の鈴木町私は家内を大事にしましたよ、私の父はとても暴君でしてね、母を叱るのが毎日のやうでね、幼い私が手を突いて母の代りに何度か詫びたものですよ、母は可哀さうでした、その辛い経験から、私は甘過ぎる位ゐ可愛がりましたよ」

夫人はコツクリとうなづいて、初めてニツコリとした—

×

私達の上には常に眼に見えないお父様がゐる—から喧嘩してゐたから私達は喧嘩一つせず、仲良くしてこられたのです、夫婦が我儘を出さず、[illegible]でゐたいならば、誰もが眼に見えないお方が何處かで見てらつしやる—と考へるとですね、[illegible]へ入れば私達は必ず「日々の力」「日々のキリスト」などを讀みます、どんなに時間がなくても神へのお祈りはかゝしません、生れ出る[illegible]を與へられるかもしれない子供への影響も考へるからです

×

不思議ですねえ、明治廿五年に四男が生れましたが、其の時何故ともなく、私はもうあと二人男の子が生れて、その後は子供は授らぬ—といふ氣がしましてね、「眞」と名付けました、すると、私の推察どほり、その下に「善」と「美」と二人果して生れ、出来ない方法など採らなかつたにも拘らず、それぎり子供は生れません、不思議でせう、眞、善、美、と三人揃つて名付けようと思つたら、丁度それだけ生れたのですからね」

「私も下に二人しか出来ないよとして、後を「善」と「美」にしようと云はれた時は、何ですか、まつとさうなるやうな氣がしたのですよ」

×

金婚式を四年後に控へて、お二人は新婚當時のやうに睦しい、博士を見上げる夫人の眼は、[illegible]の頃に[illegible]つた[illegible]のやうに輝いてゐる

昭和十一年六月二十五日の『読売新聞』。「ふたりは若ァーい」というコーナーに畊安と輝子夫妻のインタビューが掲載されている。お見合い当日の海舟邸の様子などが分かり、興味深い。

「南湖院記念 太陽の郷庭園」に遺る南湖院第一病舎。海舟の妻・民子が入院した開設当時に建てられた病舎で現在、国指定の登録有形文化財となっている。

現在に残る南湖院

南湖院の名を広く世に知らしめたのは、国木田独歩の入院であったという。その病状が新聞連載されたことにより、南湖院の知名度は大きくあがった。また療養地としての茅ヶ崎も有名になり、界隈の文化的発展に大きな役割を果たしたそうだ。

終戦の年である昭和二十年（一九四五）、南湖院の地は海軍に接収され、同年に畊安も病死した。終戦後は米軍に接収され、返還後の昭和五十四年（一九七九）、畊安の孫である高田準三によって老人ホーム「太陽の郷」が開設された。現在は一般社団法人として畊安の思想が引き継がれている。

当地には開設当時に建てられた南湖院第一病舎（国指定の登録有形文化財）や大正十五年（一九二六）築の院長室棟などが遺されており、「南湖院記念 太陽の郷庭園」として一般公開されている。

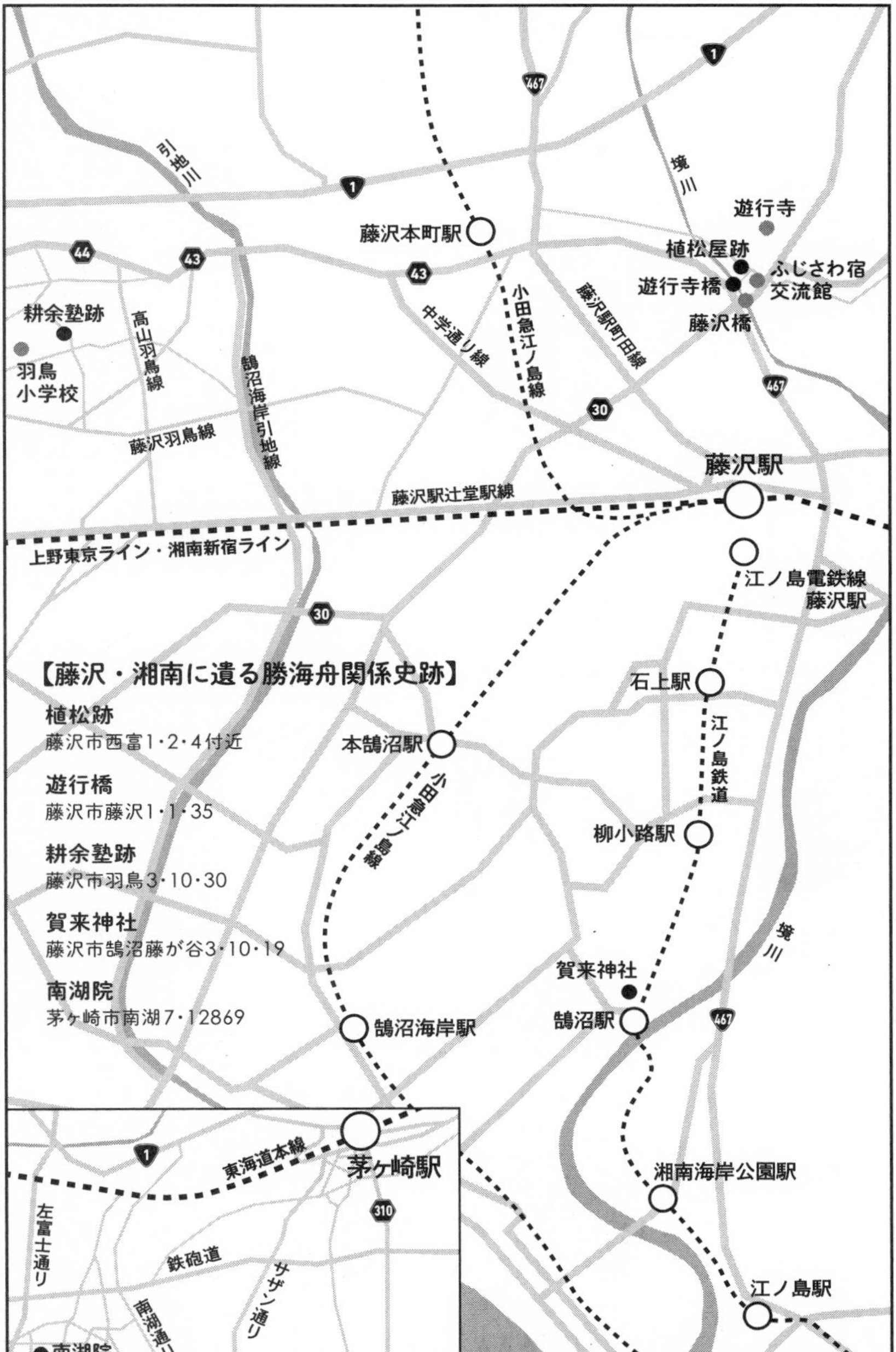
【藤沢・湘南に遺る勝海舟関係史跡】
植松跡
藤沢市西富1・2・4付近
遊行橋
藤沢市藤沢1・1・35
耕余塾跡
藤沢市羽鳥3・10・30
賀来神社
藤沢市鵠沼藤が谷3・10・19
南湖院
茅ヶ崎市南湖7・12869
引地川
境川
遊行寺
藤沢本町駅
植松屋跡
遊行寺橋
ふじさわ宿
交流館
藤沢橋
耕余塾跡
羽鳥
小学校
高山羽鳥線
中学通り線
小田急江ノ島線
藤沢駅町田線
鵠沼海岸引地線
藤沢羽鳥線
藤沢駅
藤沢駅辻堂駅線
上野東京ライン・湘南新宿ライン
江ノ島電鉄線
藤沢駅
石上駅
江ノ島鉄道
本鵠沼駅
柳小路駅
賀来神社
鵠沼駅
鵠沼海岸駅
東海道本線
茅ヶ崎駅
湘南海岸公園駅
左富士通り
鉄砲道
サザン通り
南湖通り
江ノ島駅
南湖院

明治時代の箱根付近の風景。（アムステルダム国立美術館蔵）

【其之七】

箱根

歴史ある関東の湯処には
海舟ゆかりの宿が伝わる

HAKONE

神奈川県内における東海道最後の宿場町である箱根。東海道一の難所として知られる箱根峠や、芦ノ湖畔に設置された箱根関所は有名なところである。

箱根の関所といえば、厳しい取り調べがイメージされるが、時代も経過していくと通行手形が必ず必要であったのは女性、いわゆる「出女」の場合で、男性は無手形でも不審な点がなければ通行を許されていた。また「途中手形」という、道中で旅籠屋の主人に金を渡し、大家や名主に発行してもらった手形もあった。

海舟の父・小吉も十四歳の頃、上方へ向けて出奔した際に小田原の宿で二〇〇文を払って、手形を準備してもらったと自身で綴っている。

二十一歳で再び出奔した折には、剣術修行を理由に無手形で関所を通ったようだ。「稽古先よりふと上方への修行を思いつき、そのまま雪駄履きで仕度もせずに旅立ったため、手形はありませんがお通し下さい」と役人に頼んだところ、「御大法にて手形なき者は通せないのだが、ご修行であるならば、やむを得ない。

広重によって描かれた『東海道五拾三次』における箱根 湖水図。(国会図書館蔵)

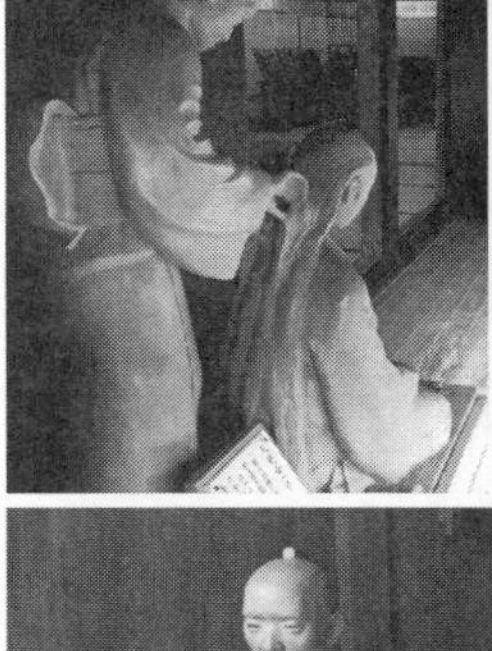

箱根の関所跡には、復元された関所の建物が設置されており、当時の息吹を感じることができる。海舟も陸路、東海道を利用した際には、この関所を通った。

通してやるが以後はお心得なさるよう」と、通してくれたとある。

　現在、芦ノ湖湖畔には江戸時代の関所が再現されており、海舟も東海道を歩いた際には、当地の関所の門をくぐったであろう。

悔しさ滲む召喚命令と箱根

　海舟の日記からも、幾度か東海道を利用したことが確認できる。中でも印象深いのは元治元年（一八六四）十月の召喚命令だ。

　当時、神戸に海軍操練所を設けるなど、上方で忙しく奔走していた海舟であるが、自身の塾生が池田屋事件に関与していたことなどが原因し、十月二十二日に江戸への召喚が命ぜられた。

　二十四日に引船で伏見へ移り、そこからは陸路を早駕籠で江戸へ向かった。道中、宿泊毎に自身の気持ちを詠んだ歌が日記に綴られている。

文久三年に描かれた五雲亭貞秀の『東海道箱根山中図』。（国会図書館蔵）

二十五日は坂ノ下（三重）に宿泊。二十六日、鈴鹿峠を越えて鳴海宿（愛知県名古屋）に宿泊。「我もはや　世を切りすてん鈴鹿山　またなりいづる　世にしあらねば」と詠んだ。

二十七日、舞阪宿（静岡県浜松）に宿泊。

日記の歌は「世の中も　我が身もいかになるみがた　ひかた路遠く　千鳥啼くなり」。

二十八日、府中（静岡市）宿泊。そして翌二十九日に箱根に宿泊した。日記には「定宿某に止る」とあるが、この定宿がどこであるかは分からない。

この日は日記に「弥高く　天にそびえて富士の根は　くだり行く世の　すがたありしな」と綴っており、これらの歌からも、これから罷免となる海舟の心持ちが窺えよう。

翌十一月一日は戸塚に宿泊し、翌日帰府した。海舟の日記には東海道中の感想も綴られている。「東海道中にて　景は富士川に大井川　坂の長きは箱根　湖は琵琶湖のみ　其他は隘狭見るに足るものなし」とある。

かくして十一月十日、海舟は軍艦奉行を罷免され、慶応二年（一八六六）の五月二十八日の再任まで、二十ヶ月に及ぶ閑居生活を余儀なくされた。

戊辰戦争と徳川家の移封

やがて維新が成り、戊辰戦争が勃発するが、江戸での戦は海舟と西郷隆盛の最終談判により避けられた。ただし遊撃隊をはじめ、各地には新政府軍に対して徹底抗戦を唱える者も多く、箱根の関所も遊

御茶漬
山田屋

幕末の箱根宿。（J・ポール・ゲティ美術館蔵）

【1】史蹟を示す説明板が設置されている現在の茗荷屋跡。
【2】歌川芳虎によって描かれた『東海道 箱根 畑』。茗荷屋の様子が描かれている。（箱根町立郷土資料館蔵）

撃隊と小田原藩兵の間で起こった箱根戦争の舞台となった。

そもそも箱根は西からの敵軍を防ぐことのできる天然の要塞である。徹底抗戦を主張した小栗上野介も、「新政府軍が箱根関内に入ったところを陸軍で迎撃し、同時に幕府海軍による艦砲射撃で後続部隊を足止めにして、箱根の敵軍を殲滅する」という作戦を徳川慶喜に訴えた。この作戦は採用されなかったが後にこれを聞いた大村益次郎が、「その策が実行されていたら今頃我々の首はなかったであろう」と語ったと伝わる。

ともあれ、新政府は徳川家の相続を徳川家達（田安亀之助）に認め、その所領地を駿河・遠江・三河の七十万石とした。そして多くの旧幕臣が江戸を去り、海舟も明治元年十月十一日に駿府へ移った。

ところが早くも十一月六日、新政府からの

【3】当時の面影が残る茗荷屋跡の庭園。
【4】茗荷屋跡には明治天皇の行幸を示す碑も建立されている。

出府を求める通達が届いた。東京へ戻った海舟は岩倉具視や大久保利通らと、箱館に籠もる榎本武揚らの対策のため、会談を繰り返した。その後、十日間の暇をもらい、駿府に戻るべく東京を発ったのは十一月二十六日の夜であった。東海道を進み、翌日は箱根で宿泊した。日記に「廿七日、箱根山中、畑へ一泊。」とある。

海舟が箱根で宿泊した畑宿とは、小田原宿と箱根宿の休憩地点にある「間《あい》の宿」で、箱根寄木細工の発祥地としても知られる。現在でも当時の石畳の道が遺されており、旧東海道の雰囲気が伝わる。

畑宿には名主である茗荷屋畑右衛門の本陣屋敷があった。安政四年（一八五七）の十一月、米国初代領事であるハリスは江戸入りの際にここで休憩している。海舟が宿泊したのもこの茗荷屋であったのではないだろうか。当地では明治天皇が明治元年の十月八日にはじめて江戸へ行幸した際や、東京奠都となった翌年の再行幸の際に休息をとっており、現在それを示す碑が建立されている。

茗荷屋の建物は大正時代に焼失してしまったが、山間から流れる水を利用した滝など、当時より評判であった庭園が、わずかにその名残を伝えている。

海舟が茗荷屋に宿泊したのか、断定することはできないが、この畑宿で一泊し、翌二十八日の深夜に駿府の自宅へ戻った。

温度を測定しながら歩いた箱根街道

海舟が再び出府したのは十二月三日。やはり東海道を進み、翌日は平塚で一泊。翌五日に帰府した。

海舟の往復は頻繁で、翌明治二年四月に駿府へ帰着するも、同年六月にまた東京へ出張した。そして十二月に駿府へ戻るのだが、その際の『海舟日記』

明治時代頃の畑宿付近。(The Wilson Centre for Photography)

明治時代の畑宿。（箱根町立郷土資料館蔵）

が非常に興味深い。十二月二十日の東京出立から二十三日の駿府着までを記したページの上欄に次のようなメモ書きがある。

		Cセルシース、顕温器、	Bサックバロメートル
十二月廿一日	小田原　風	C十一度	B七十三度
廿二日	同畑	〃五度	〃七十一度
	権現坂	〃四度	〃六十八・九度六
	甘酒	〃	〃六十九度六
	元関所跡　微雪	四度	六十八度
	静岡	七度強	七十五度

ここにあるCセルシースとはセルシウス度、温度【℃】のことであろう。Bサックバロメートルに関してはよく分からないが、気象庁に問い合わせたところ、気圧の単位ではないかとのご意見を伺った。「Bサックバロメートル」の「バロメートル」は「バロメーター（Barometer：気圧計または晴雨計）」だと推測され、ここに記されている数値はフォルタン型水銀気圧計（mmhg）で計測されたものではないかとの意見であった。現在の気圧の単位（hpa）に換算（1mmhg= 約1.33hpa）すると、小田原97hpa・同畑94.4hpa・権現坂91.6hpa・甘酒　92.5hpa・元関所跡90hpa・静岡99.7hpaとなり、おそらく気圧の単位で間違いないと思われる。海舟が気象計をどのように入手したのかは分から

ないが、箱根峠を測定しながら歩いていたという事実は、非常に興味深い。

海舟も休息した「甘酒茶屋」

温度のメモ書きにある「甘酒」とは、江戸時代初期に創業され、現在も営業を続けている「甘酒茶屋」であろう。厳しい箱根の山道を歩いた旅人たちは、このような茶屋で休息をとった。かつてはこの界隈に四、五軒の茶店があったようだが、現在まで残っているのは「甘酒茶屋」のみである。屋号にある通り名物は甘酒だ。栄養が豊富で、甘い甘酒は疲労回復に効果があり、多くの旅人を癒やした。現在でも「甘酒茶屋」の甘酒は砂糖などを使用せず、江戸時代の製法のまま、米麹と米だけで作られている。

海舟もここで休息をとりながら、温度や気

戦前の絵葉書に写された「甘酒茶屋」。(著者蔵)

圧を測っていたのだろう。

「甘酒茶屋」の庭に建立されている「明治天皇御駐蹕之址碑」は、明治二年三月二十五日、明治天皇が東幸の際に当地に立ち寄られたことを示す碑である。また隣地には「旧街道史料館」が設けられており、貴重な資料とともに、当時の箱根峠の様子を垣間見ることができる。

幾度も上京を余儀なくされた海舟

海舟の日記に次に箱根が登場するのは明治三年に東京へ出た際で、六月二日の項に「箱館〔根〕」とある。同年閏十月半ばに駿府へ戻った。

さらに明治四年は八月二十八日に東京へ出立。日記には九月朔日「小田原」、二日「程ケ谷」、三日「着」とある。戻りはこの年の末で、十二月廿六日「出立」、廿七日「戸塚」、廿八日「湯本」。廿九日「着」と綴られている。

翌年三月は最後の上京である。海舟はこの年の五月二十三日に赤坂氷川の屋敷を購入し、以後東京に定住した。

箱根と温泉湯治

箱根といえば、やはり温泉が有名である。その歴史は奈良時代まで遡り、湯本・塔之沢・堂ヶ島・宮ノ

江戸時代より東海道の旅人をもてなしてきた現在の「甘酒茶屋」。

2

2

1

【1】「甘酒茶屋」の庭に建てられた明治天皇御駐蹕之址碑。題字は東郷平八郎の筆による。
【2】「甘酒茶屋」の隣には江戸時代の旅の道具などを展示した「旧街道資料館」が設けられている。

明治時代の箱根の街並み。（アムステルダム国立美術館蔵）

下・底倉・木賀・芦之湯の七湯は、「箱根七湯」として古くから愛されてきた。江戸時代には広重の『箱根七湯図会』をはじめ、数々の浮世絵にも描かれ、多くの湯治客が足を運んだ。

維新後は福沢諭吉の提言などもあり、道路の整備が進められると、より多くの人々が湯治に訪れるようになった。明治十年代からは外国人湯治客の姿も増えていった。

海舟の日記をみると、海舟の家族も何度か箱根へ温泉湯治へ行ったようだ。

明治十六年（一八八三）八月二十一日の項に「雲、冷気　忰、箱根へ出立。」とあり、九月五日に「忰、箱根より帰宅」と綴られている。また明治十八年（一八八五）八月二十九日の項にも「妻、忰、箱根へ出立。」、九月七日「家内、箱根より帰宅」といった記載がある。

この忰とは長男小鹿のことであろう。小鹿は幕末にアメリカへ留学し、維新後の明治十年に帰国

明治時代の箱根村。（アムステルダム国立美術館蔵）

して海軍に勤めたが、病のため、長期休職を余儀なくされた。海舟の日記には橋本綱常や戸塚文海、高木兼寛、杉田玄端、ベルツといったいずれも当代一流の名医らに診察を依頼したことが記されている。箱根にも湯治治療へ出かけたのであろう。

和宮が湯治した温泉宿「環翠楼」

箱根温泉には、幕末維新の人物とも深い関わりのある老舗宿がいくつか存在する。その筆頭に挙げられるのが塔ノ沢の「環翠楼」だ。

その開湯は慶長十九年(一六一四)年と古く、かの水戸光圀も登楼したと伝わる。「環翠楼」の名付け親は伊藤博文である。伊藤は明治二十三年(一八九〇)、当時「元湯」と名乗っていた当地を訪れた際に「環翠楼」と命名し、以後、定宿とした。翌年、来日中であったロシア帝国皇太子・ニコライが斬りつけられた事件「大津事件」が起こった際も、伊藤がその報告を受

明治時代の環翠楼。（著者蔵）

けたのは「環翠楼」での宴の最中であった。

その他、伊藤と同郷で、幕末期には奇兵隊で活躍した書家、長三州や桂太郎、日清戦争後の講和条約を結ぶために来日した李鴻章、さらには東郷平八郎、西園寺公望などなどが宿泊した逸話も伝わる。

そして何より注目されるのが、明治十年の和宮（静寛院宮）の登楼である。

和宮は維新後、朝廷からの申し出により明治元年の暮れに京都へ移った。その後、明治天皇が東京へ移住となり、和宮も天皇の勧めによって明治七年（一八七四）に東京へ戻った。この時、海舟は和宮のために赤坂仮皇居の南側に土地を用意していたが、邸宅は皇室により麻布に設けられた。

和宮と天璋院篤姫は、ともに海舟の屋敷を訪れたこともあったそうだ。巌本善治に海舟は次のように話している。

「後に私の家に御一緒に居らした時に、配膳が出てから、両方でお上りなさらん。大変だと言つて、女が来て困るから、『どうした』と言ふと、両方でお給仕をしようとして睨みあひだと言ふのサ。それで、私が出て行つて、『アナタ方はどういふものです』と言ふと、互に「私がお給仕をします筈です。それにアナタから為さらうと為さいますから』と言ふのサ。私は笑うてネ『なんです、そんな事ツてすか、それならば良い事があります』と言つてネ、お櫃を二つ出させて、一つ宛、側に置いて、『サ、天璋院さまのは、和宮さまが為さいまし、和宮さまのは、天璋院さまが為さいまし、これで喧嘩はありますまい』と言つて笑つたらネ、『安芳は利口ものです』と言つて、大笑ひになつたよ。それから、帰りには、一つ馬車で帰られたが、その後は、大変な仲よしサ。何事でも、互に相談で、万事、一つだつたよ」。

やがて明治十年の八月、当時原因不明の難病であった脚気を患った和宮は、その湯治のため「環翠楼」に足を運んだ。海舟の八月五日の日記には「溝口、静寛院宮様少々御不例につき、明後日頃箱根へ御湯治御出での旨、天璋院殿より餞別の事、相談。」とある。

和宮の薨去と「環翠楼」

「環翠楼」に滞在中、和宮は自ら村の子ども達を楼内に招き、お菓子をふるまうなど、村人とも親交を深められたと伝えられている。一九六〇年代、当時九十八歳の平塚きわという老婆が七歳の頃、和宮より菓子を振舞われた思い出を語っている。和宮は大勢の侍

和宮（『幕末・明治・大正回顧八十年史』東洋文化協会）

女に囲まれ、白い絹の着物で紫の帯を締めて、おすべらかしを結っていた姿であったという。脚気のためか顔がひどく浮腫んでいたのだとか。

また当時「環翠楼」の楼主であった中田暢平は、楼の前に流れる早川が現在よりも急流で川音も大きかったため、水流を和らげるべく川に柵《しがらみ》を設けて、逗留する和宮に配慮したという。これを知った和宮は、大いに喜び、その労いの歌会を開催したそうだ。

現在の「環翠楼」。

海舟の日記で見ると八月二十七日の項に「静閑院宮様、来月三日箱根御発駕の旨、御向より知らせこれあり。」とある。知らせを届けた御向とは当時、海舟邸の隣にあった徳川家達の屋敷で、ここには天璋院篤姫も住んでいた。海舟はこの徳川宗家の屋敷を「御向」と呼んでいた。

日記によると、来月の九月三日に和宮が戻るとの連絡が徳川宗家よりあったようだ。ところがその前日である九月二日、和宮は「環翠楼」で薨去となった。

海舟にも直ちに連絡があり、当日の日記に「午後十時、箱根より伝報、静閑院宮様御衝心、御大切相成

「環翠楼」の前を流れる早川。

り候旨、御向より知らせこれあり。」と綴っている。

翌日からの日記には、和宮の葬儀について徳川宗家の家令である溝口勝如と相談しながら尽力した様子が次のように記されている。

九月三日「溝口、宮様の御事相談。昔時、御簾中様御葬送の御列附差し出す。宮内省より御達し。静閑院宮様御葬式、仏礼を以て、徳川氏にて増上寺へ御葬送申すべき旨御達しこれあり」、四日「御葬送の事につき、書付差し出す。溝口来る」、六日「溝口、増上寺へ御香奠の事、相談」「宮様御尊骸、着」、七日「溝口、宮様御葬送御行列帳拝見、其他相談これあり」。

そして十三日、葬儀が執り行われ、海舟は日記に「静寛院宮御葬送、家内一統遙拝に越す」と綴った。和宮の墓は芝増上寺に眠る夫・家茂の隣に設けられ、現在も将軍家霊廟に並んでいる。納棺には海舟も立ち会ったという話もあるようだ。

和宮の死後、楼主の中田暢平はその御心を生かすべく、慰霊の想いを込めて早川の水勢を調節する塔之沢隧道

「環翠楼」の楼内には高坏や菓子盆など和宮の遺品が展示されている。

を開設した。つまり、現在の早川の穏やかな流れには和宮の面影が遺されているのである。

海舟の筆による「環翠楼」の歌碑

現在、「環翠楼」の楼内には和宮の遺品である高坏や菓子盆などが展示されているほか、中田暢平が建てた和宮を追慕する碑も中庭に建立されている。かつて和宮が逗留した際に開かれた歌会で、中田は「行人過橋」のお題に対し、「月影の　かかるはしとも　知らずして　世をいとやすく　ゆく人ぞたれ」と詠んだ。この歌を「静寛院宮に奉る歌」として刻み、追悼の想いを込めて、碑を建立したのである。そして、その揮毫を依頼されたのが海舟であった。

碑には海舟の筆で「静寛院宮の御たひやとりの折　行人過橋といへる御題給ハりし時よみて奉りぬ」とあり、中田の歌の揮毫に続いて「明治丁丑のとし晩秋応乞　勝安房書」と記されている。この碑は、和宮が薨去した部屋に近い、泉のほとりに建てられ、現在も当時と同じ場所に佇んでいる。

天璋院篤姫も訪れた「環翠楼」

和宮の薨去から三年後の明治十三年(一八八〇)、天璋院篤姫も「環翠楼」に足を運び、和宮を偲んでいる。

同年九月七日の『海舟日記』に「溝口勝如、天璋院殿、当十九日比《ごろ》、熱海温泉御出で然るべき旨の相談」とあり、二十二日の項に「天璋院殿出立につき伺う。」との記載が確認できる。

天璋院篤姫は二十三日、当時千駄ヶ谷にあった屋敷から、熱海・箱根への湯治の旅に出立した。新橋駅から

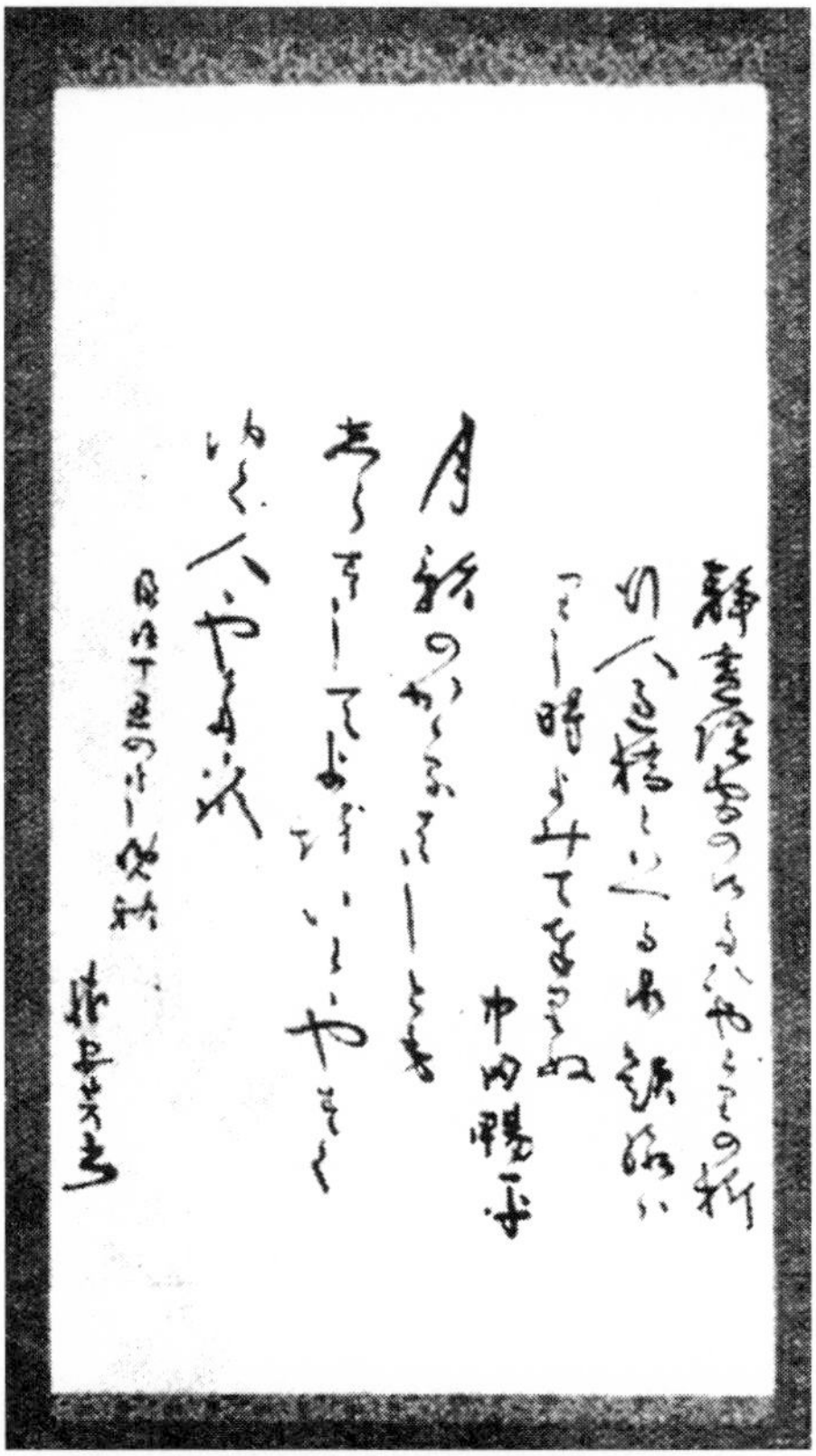

海舟の筆による「静寛院宮に奉る歌。(『和宮様と環翠楼』より)

「環翠楼」の庭に建つ海舟揮毫の碑。

明治時代の奈良屋。（著者蔵）

鉄道で横浜へ向かい、そこから人力車で江ノ島へ。翌日は小田原で一泊して、二十五日に熱海へ着いた。

ここで約一ヶ月を過ごした後、天璋院が出立したのは十月二十八日のことであった。同日、箱根宮ノ下に着き、二日間を過ごした。そして出立の三十日、小田原への道中で塔ノ沢に立ち寄り、和宮の没した「環翠楼」を訪ねたのである。天璋院は「環翠楼」の前を流れる早川を眺めながら号泣し、次の歌を詠んだ。


「君が齢とどめかねたる早川の　水の流れもうらめしきかな」


早川の流れに、若くして亡くなった和宮を重ねて詠んだ哀悼の歌である。

三十一日、天璋院は千駄ヶ谷の徳川屋敷に戻った。翌十一月一日の『海舟日記』には「昨、千駄ヶ谷行。天璋〔院〕殿御帰宅」とある。海舟は徳川屋敷まで足を運び、天璋院の長旅を労ったようだ。

実はこの三年後、明治十六年（一八八三）七月二十七日の『海舟日記』には「貴志忠孝、天璋院殿、箱根御湯治の事申し聞く。橋本綱常」との記載がある。この箱根湯治の詳細はよく分からないが、この頃より天璋院の体調は悪化していたようだ。天璋院は同年十一月十三日に中風を発病し、二十日に没した。

海舟が宿泊したと伝わる奈良屋の面影

海舟も箱根の温泉に足を運んだという話が、いくつかの老舗宿に伝えられている。海舟の日記などからはその痕跡を確認することはできないが、海舟が仕事以外で旅行に出ることは極めて稀で、おそらく東西への行き来の道中で、利用したのではないだろうか。

詳細はともかく、かつて宮ノ下温泉にあった名旅館「奈良屋」もそのひとつであったと伝わる。

「奈良屋」の創業は元禄の頃であったと考えられている。江戸時代の後期には、「湯船に浮かぶ三日月が満月になるまで湯治すれば、どんな難病でも治る」という「三日月湯」で評判になった。参勤交代で東海道を往還する多くの大名たちからも愛されたという。

維新後も「奈良屋」の評判は変わらず、明治六年（一八七三）八月には、明治天皇と昭憲皇后が避暑のために箱根に行幸啓し、「奈良屋」で約三週間滞在した。この行幸啓により、「奈良屋」の名はさらに政財界の要人に知られるようになり、高級温泉保養地として発展していった。

大隈重信や副島種臣らが愛用し、海舟も通ったと伝わるが、残念ながら平成十三年（二〇〇一）に「奈良屋」は閉館となった。

現在、当地はリゾートホテル「エクシブ箱根離宮」として経営されており、入口ゲート

明治・大正時代頃の奈良屋ホテル。（著者蔵）

近くに建つ明治天皇・皇后の行幸啓碑が「奈良屋」の面影を伝えている。

また近くには、何とか「奈良屋」の歴史を引き継ごうと、当時の従業員寮だった建物を再生した「NARAYA CAFE」が営業されている。

海舟も利用したと伝わる芦之湯の「松坂屋本店」

「箱根七湯」の中では最も標高が高い芦之湯温泉にも海舟逗留の逸話が伝わる。そのひとつが「松坂屋本店」である。「松坂屋」は寛文二年（一六六二）に「伊勢屋」として創業され、江戸時代を通して多くの人々

1

2

3

【1】「奈良屋」の跡地は現在「エクシブ箱根離宮」として経営されている。
【2】ゲート近くの「明治天皇駐蹕記念之碑」は明治六年、明治天皇・皇后が「奈良屋」へ滞在したことを示すものである。
【3】箱根登山鉄道「宮ノ下駅」の近くには「奈良屋」の歴史を引き継いだ「NARAYA CAFE」が営業されている。足湯もあり、かつての温泉旅館の名残を感じさせる。

明治時代の芦之湯。中央が「松坂屋本店」。(Leiden University Library, KITLV, image 110652 Collection page Southeast Asian & Caribbean Images)

に愛され続けてきた。

維新後には幕末史を彩った多くの人物が逗留した記録が残る。

中でも興味深いのが明治二年八月に木戸孝允と西郷隆盛が当地で会談したという逸話である。当時、箱根に休暇で訪れていた木戸を西郷が訪ね、会談したという話があるようで、館内には「木戸孝允公西郷隆盛公両雄会見之趾」という石碑が建立されている。

確かに木戸は同年八月、約一ヶ月にわたって箱根で休暇を過ごしており、「松坂屋」にも足を運んでいるのだが、当時、西郷は鹿児島に帰郷していた。版籍奉還の直後であるこの時期、徴兵制度を含めた兵制改革も進められる中で、それを唱える兵部大輔の大村益次郎が九月に襲撃されるなど、世情も激しい動きの中にあった。三条実美からは木戸へ帰京の催促もなされていた。それらの事情から、西郷がわざわざ鹿児島より木戸を訪ねたということであろうか。

現在の「松坂屋本店」。館内には木戸孝允と西郷隆盛が会談したことを示す「木戸孝允公西郷隆盛公両雄会見之趾」が建立されている。

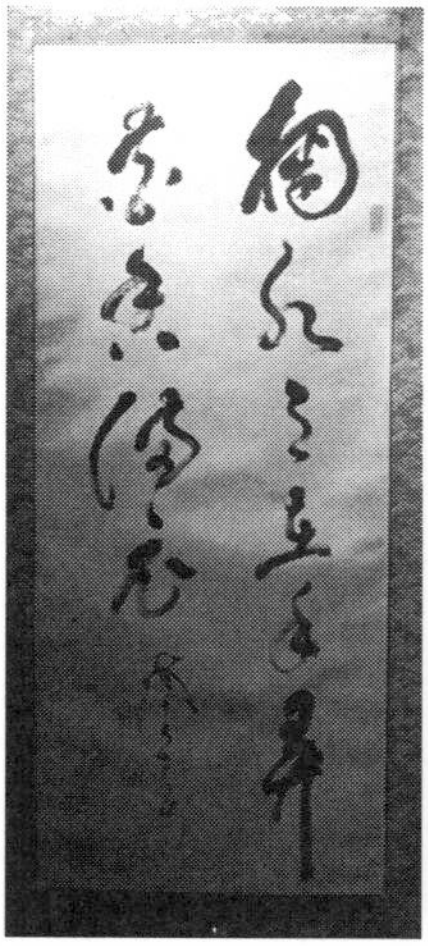

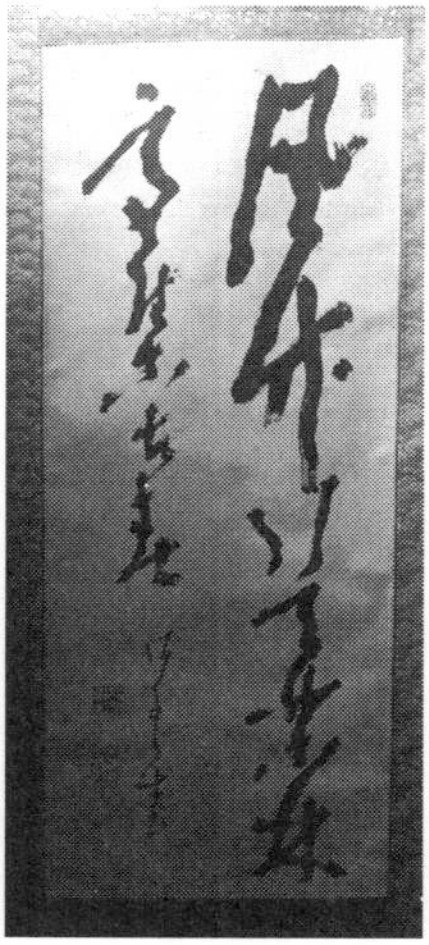

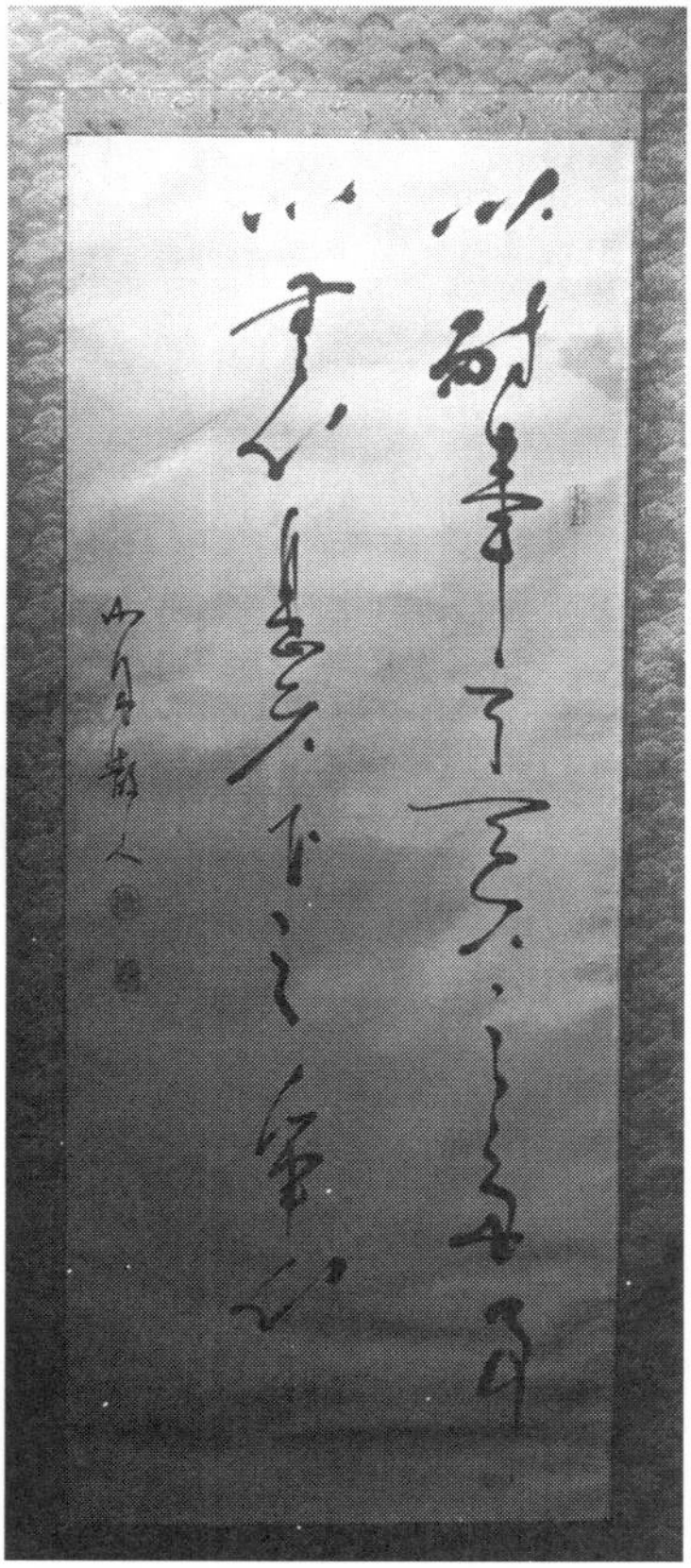

「松坂屋本店」に伝わる「幕末三舟」の書軸。左より山岡鉄舟、高橋泥舟、海舟の書。書が納められている箱には「満津阪」との箱書きがあり「松坂屋本店」に贈られたものであることが確認できる。

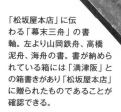

記録がないため、その辺りの事情はよく分からない。

海舟逗留の逸話も詳細は伝えられていないが、同宿には海舟をはじめ山岡鉄舟・高橋泥舟の「幕末三舟」の遺墨が伝えられている。

ちなみに芦の湖畔に建つ「嶽影楼松坂屋旅館」は、「松坂屋本店」の主人、松坂万右衛門の次男である安藤好之輔が明治中期に開業した旅館で、こちらにも「知者不惑」と揮毫した海舟の書が伝えられている。

「きのくにや」と海舟

芦之湯温泉にはもうひとつ海舟の足跡が伝わる老舗宿がある。正徳五年（一七一五）創業の「きのくにや」だ。

明治時代の芦之湯。左手に「きのくにや」、右手に「松坂屋本店」が確認できる。詳細は不明であるが、両宿に海舟逗留の逸話が伝えられている。（著者蔵）

「きのくにや」は明治六年（一八七三）の八月二十日、明治天皇・皇后の御小休所に選ばれている。また明治十二年（一八七九）には来日したグラント元米国大統領が「きのくにや」の硫黄温泉に浴した。同館のホームページによると海舟も訪れたと伝わり、「懐抱古今」の揮毫が残されているという。

海舟邸の灯篭

最後に箱根湯本の温泉ホテル「マイユクール祥月」の玄関先には珍しいものが展示されている。かつて海舟の屋敷にあった灯籠である。譲り受けたもので、海舟が贈ったものではないようだが、箱根温泉に遺る海舟の息吹として紹介しておく。

現在の「きのくにや」。明治天皇の行幸を示す「明治大帝御駐輦之所」の碑が建立されている。「きのくにや」のホームページには、同宿につたわる海舟の書が掲載されている（写真右下）。

「マイユクール祥月」の玄関先に設置されている海舟邸の灯籠。

【箱根に遺る勝海舟関係史跡】

ホテル マイユクール 祥月
足柄下郡箱根町湯本468・1

環翠楼
足柄下郡箱根町塔之沢88

NARAYA CAFE
足柄下郡箱根町宮ノ下404・13

エクシブ箱根離宮
足柄下郡箱根町宮ノ下112・2

旧茗荷屋庭園
足柄下郡箱根町畑宿226

甘酒茶屋
足柄下郡箱根町畑宿二子山395・28

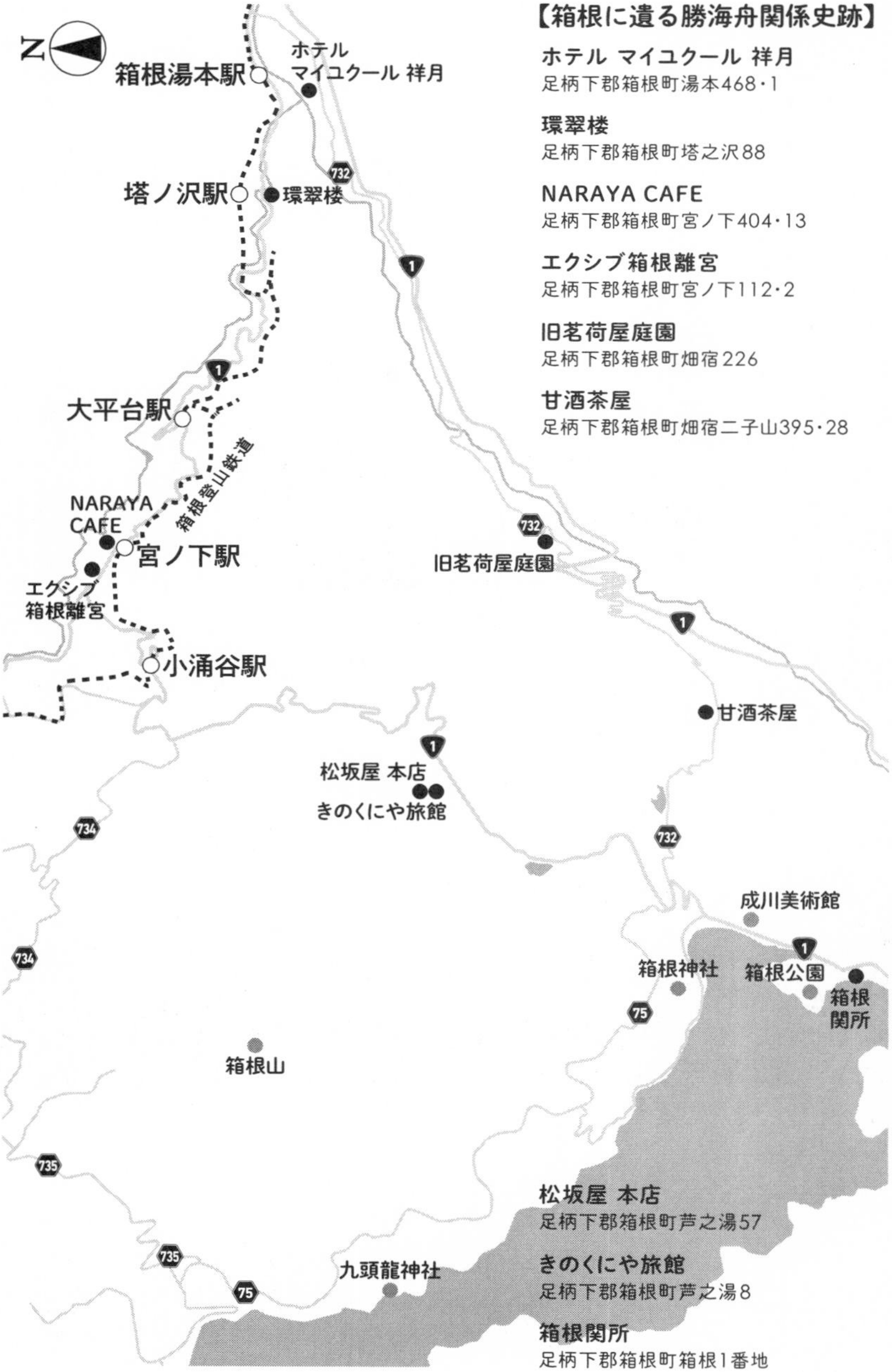

松坂屋 本店
足柄下郡箱根町芦之湯57

きのくにや旅館
足柄下郡箱根町芦之湯8

箱根関所
足柄下郡箱根町箱根1番地

【其之八】

勝海舟神社

遷座された
海舟別邸のお社

KATSU KAISHU SHRINE

伊勢原市と秦野市、厚木市の境にある大山は、古くから庶民の山岳信仰の対象とされ、山頂には崇神天皇の頃に創建されたと伝わる大山阿夫利神社が鎮座している。大山は別名を「雨降山」といい、雨乞いや五穀豊穣、ひいては商売繁盛が祈願された。

江戸時代の中頃からは大山を参拝する「大山詣り」が大流行となり、年間約二十万人を超える江戸っ子が来山したという。当地は江戸より二・三日の距離にあったため、参拝と観光を兼ねた小旅行が庶民の間で評判となったのだ。参拝の後は江の島などの観光地に立ち寄って帰ることが常で、江戸っ子にとって、絶好の行楽となっていた。

実は現在、山麓部に位置する社務局の敷地内には、大山阿夫利神社の末社として海舟を祀る「勝海舟神社」が鎮座されている。

当地に設置されている説明板によると、「勝海舟神社」はかつて海舟の別邸に祀られていた社で、道路拡張工事により、取り壊しを余儀なくされたため、阿夫利神社に遷座されたものだという。

海舟の別邸とは明治二十五年（一八九二）に洗足池畔（東京都大田区）に設けた「洗足軒」のことである。海舟は幕末、無血開城交渉のために池上本門寺に置かれた官軍本営へ向かい、その道中で通った洗足池畔の風光に魅せられた。やがて維新後、農学者としても知られる津田仙の薦めにより、当地に別邸を設けることを決めたという。

「洗足軒」には津田をはじめ宮島誠一郎や岡村黄石、木村芥舟、宮本小一などなど旧友らが度々、足を運び、海舟と晩年まで交流を結んだ。勝家の執事よると、海舟は毎年四月に「洗足軒」へ客を招いたそうだ。

海舟は明治三十二年（一八九九）一月十九日に亡くなり、洗足池に面した墓所に葬られたが、その後も

移築された洗足軒と思われる写真。前列中央は渋沢栄一。（公益財団法人 渋沢栄一記念財団 渋沢史料館蔵）

「洗足軒」では海舟を偲んで「洗足会」が催された。

実は生前、海舟は「洗足軒」を孫娘の伊与に遺産として与えるつもりであったようだが、大正十三年（一九二四）に清明会へ譲られることとなった。清明会とは東洋文化の振興と海舟関係の遺跡・資料保存を目的とした財団法人である。

昭和二年（一九二七）、清明会は「洗足軒」を近隣の土地へ移し、隣に「清明文庫」を設置した。その後、「洗足軒」は昭和の中頃に焼失したらしい。一方、「清明文庫」の建物は令和元年（二〇一九）より勝海舟記念館として活用されている。

海舟と権田直助

「洗足軒」に鎮座されていた社が道路拡張工事のため、取り壊しを余儀なくされたと説明板にあるのは、昭和二年の移築のことであろうか。話を聞

洗足軒。(『荏原名勝 附地図』翠紅園)

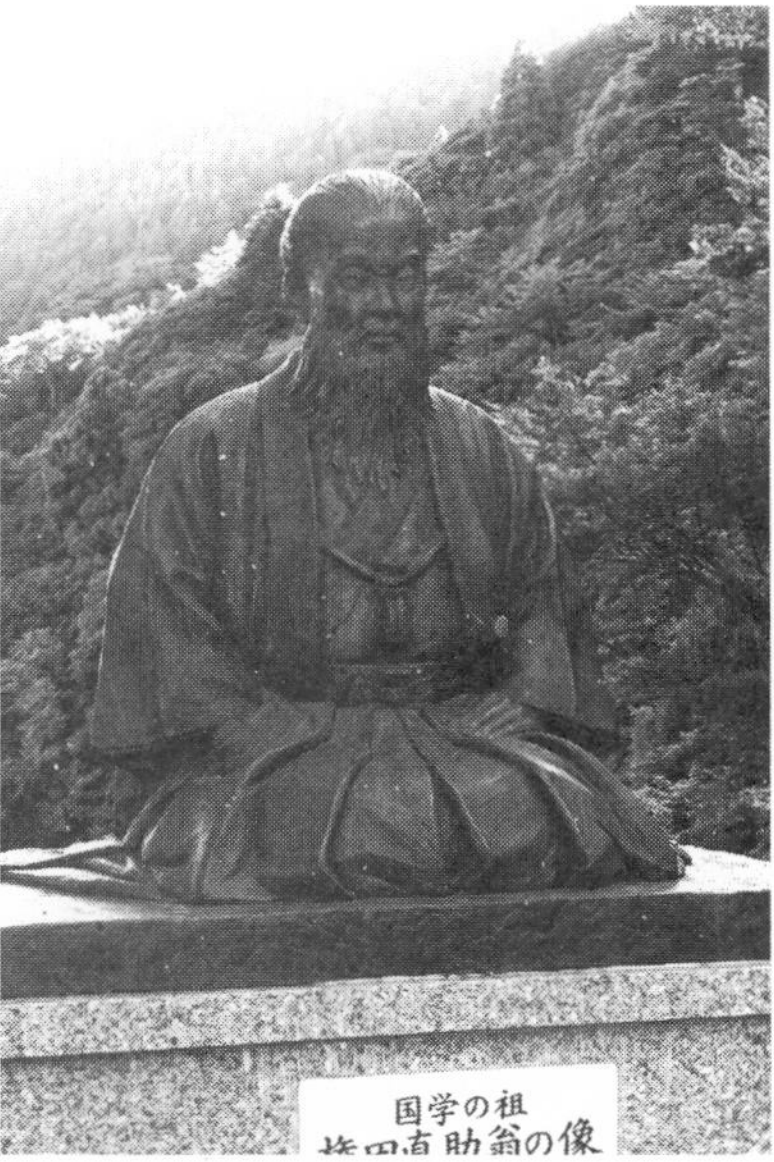

大山阿夫利神社に建立されている権田直助像。

いた大山阿夫利神社の宮司らが相談して、大山へ移築の運びとなった。大山へ移築をした理由は、大山阿夫利神社の初代神官を務めた権田直助が海舟と交流があったことにに由来するそうだ。

権田は幕末、尊攘運動に奔走した人物である。慶応三年に江戸の薩摩屋敷で結成された浪士たちによる糾合所屯集隊の大監察を務めており、同隊による関東攪乱計画が薩摩藩邸焼討事件に繋がり、戊辰戦争の火蓋を切る要因となったことはよく知られる。

維新後、権田は刑法監察司知事などを務めたが、国漢洋の対立から職を追われ、明治六年（一八七三）に大山阿夫利神社の祠官となった。

海舟との交流についてはよく分からないが、糾合所屯集隊の頃であろうか。糾合所屯集隊の中心人物である薩摩藩士・益満休之助が薩摩藩邸焼討事件で捕らえられた際、海舟はその身柄を引き取り、駿府総督府へ向かう山岡鉄舟に同行させた逸話は有名である。海舟は常に各方面との交流を有し、いかなる場合にも備えたチャンネルを用意していた。

大山阿夫利神社に移築された「洗足軒」の社は、海舟を祭神とし、祠に神格を与えて昭和五十年（一九七五）に御鎮座祭が執り行われた。そして現在も海舟の功績を称えながら、大山阿夫利神社の末社として静かに佇んでいる。

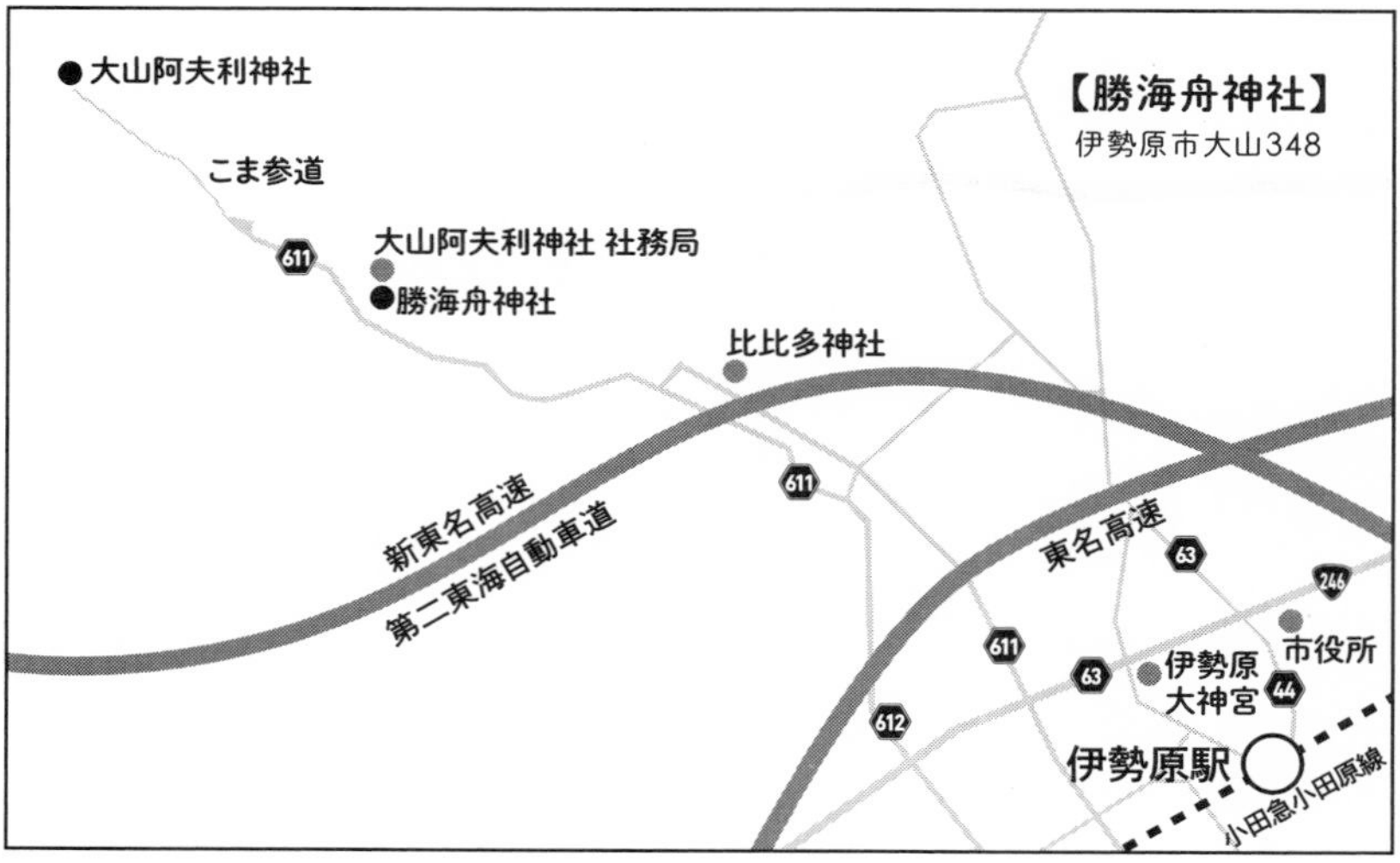

あとがき Afterword

海舟の足跡、やしゃごの足跡

ライター・勝海舟玄孫
高山みな子
Kouyama Minako

海舟も同時代の侍たちもよく歩いた。話し合ってみたい人に会いに行くにも、教えを乞いに行くにも、未知のものを見にいくにも、草莽の者たちは自分の足で歩いていくしかなかった。時代のうねりも彼らにそうさせた。激動する世の中を彼らは歩いた。そして現代の私たち、どんな風に歩いているだろう。

先日、「旅は、歴史の始まり」というテーマで話をする機会があった。スライドを作るため写真を整理していて、この十五年ほど先祖の足跡を、意識せぬうちずいぶん歩いていたものだと思った。

その中には、海舟が熱望したのに行かれなかった土地もある。オランダである。

幕臣となり長崎海軍伝習所に派遣され半年ほど経った安政三(一八五六)年三月、留守中の諸々を頼んだ赤坂の長家の友人宛に「せめてジャワあたりへお遣わしに相成り候よう願い候ことに御座候。

この地にて窮屈いたし候よりは、他邦（よその国）へいで候方、いかほども益、御座あるべく候」と書いてある。日本で通訳を介してのろのろと勉強をしているよりは、いっそ海外へ出かけて直接学んだ方が効率がよい、という考えである。

よほど留学のことは幕府の上層部へ願い出たようだが、なかなかうんと言ってもらえない。留学を許可できない理由としては気候風土、食生活が異なるので生きて帰国できる者は十人中五、六人だろうということが一つ。一人でも帰らない者があれば連帯責任を問われるし、帰国しないつもりで出国する者もあるだろう。それでは留学制度そのものが継続できなくなる、ということが二つ目。国家機密を漏らす恐れがある、これが三つ目。こちらの留学生を受け入れてもらえば、相手国から留学生を受け入れてほしいと言われれば受け入れざるを得なくなる、オランダばかりでなく、東西の主要国に留学生を派遣した方が有益だが、各国の人々を受け入れられない、これが四つ目。キリスト教が伝わってくるのが心配、これが五つ目である。

翌年、安政四（一八五七）年二月、この友人に「この地に長く居り候よりは西洋へ参りたきものにて御座候。（中略）一刻も早く留学、行かれ申さず候うちは、足なき蟹のごとくひとところにかがまり候て、世間の様子を伺い候事」と書く。長崎に止まっているのは足のない蟹のようなものとまで言う。結局年も押し詰まった十二月二十五日、「西洋行き、立ち消えきりに御座候や、残燼（残り火）復興がたく候や」と書くように二年間の運動も虚しく、留学の夢は立ち消えになった。

しかし三年後万延元（一八六〇）年一月、海舟の望みが叶って、遣米使節団の随伴艦艦長として咸臨丸でアメリカ・サンフランシスコに行くことができた。

咸臨丸の乗組員の子孫が集まって作った咸臨丸子孫の会というのがある。この会でオランダ・キンデルダイクにある咸臨丸を作ったＩＨＣ造船所を訪ねたことがあった。キンデルダイクは世界遺産にもなった風車群で有名である。風車も見たが私たちの心は道路を隔てた反対側の造船所へ早く行きたい一心だった。しかし担当者がきっちり訪問時刻を指定してきていた。世界的に大きな造船所だから諸般の事情もあり仕方ないのかと思っていたがそうではなかった。

オランダ IHC造船所。咸臨丸進水時の敷石。
（写真提供：咸臨丸子孫の会）

　咸臨丸造船当時の建物跡を案内され、この向きに咸臨丸は工場脇を流れるライン川の川べりに運ばれ、この地点で進水したのです、と担当者が指さしたところに、枕木のような石が何本も並んでいた。その石の上を咸臨丸は静かにすべって川へ進水したのだった。「この石を皆さんにお見せしたかったのです。そのためには引き潮でないとならないのです」と担当者は言った。海からライン川沿に四〇キロメートルほども内陸に入ったところに潮の満ち引きがあるとは！　これは本当に驚きだった。オランダとはそんなに平坦な土地が続く国だったのだ。満ち潮になれば石は水に隠れて見えなくなってしまう。時刻指定はそのためだったのだ。

　オランダ人の友人が「オランダはパンケーキみたいな国」と言っていたがそれをなるほど、と実感できた日だった。

　咸臨丸が渡米して一五〇年後、子孫の会のメン

サンフランシスコ　メアアイランド海軍工廠の建物。

バーとサンフランシスコにも行ってきた。咸臨丸は浦賀(現・神奈川県横須賀市)から一月という真冬の北太平洋を三十七日間かけて航海した。そのうち三〇日は雨かみぞれ、雪が降っていたと記録にある。どんなに過酷な旅だったろう。寒さと船酔いで人も大変だったが、咸臨丸もぼろぼろだった。その修理は今ならサンフランシスコからフェリーで一時間ほどのメア・アイランドにあるアメリカ海軍工廠で行った。

海軍工廠創立時のレリーフ。

煉瓦造りの当時そのままの建物が並んでいる。先祖たちもこの建物の周りを歩いたのだと思うと不思議な感覚に包まれる。木と紙でできた建物に囲まれて暮らしていた人々はこの見上げるような煉瓦造りの建物をどんな気持ちで眺めただろうか。彼らは目を皿のようにして修理の様を見て、学んで、何事も漏らすまいと筆を滑らせ書き綴ったことだろう、この技術を日本に持ち帰るのは自分たちの仕事だと。季節は冬から春へ、日本とはまた違う風景を心に刻んだに違いない。そんなことを思いながら歩く。この場へ来たからこそ、一〇〇年以上の年月が経っても感じられる先祖の足跡だった。

私は先祖に関わりのあるところはできるだけ訪ねて行こうと思っている。それはやはりその土地の持つそこならではの空気感、風景、性質に触れたいと思うからだ。頭で理解するだけより行って、見て触れて感じる方が心に響く。

私は神奈川の鎌倉で生まれ育った。でも三澤さんのこの本で、こんなに海舟の足跡が身近にあったということを初めて知った。先祖の語りかける心の声を聞きながら、この本を持って改めてあちこち歩いてみたいと思う。

高山みな子

文筆家、勝海舟の玄孫。神奈川県鎌倉市出身在住。慶應義塾大学文学部仏文学科卒業。田中貴金属工業株式会社秘書室・広報室勤務を経て、『るるぶ』、『湘南の繁盛店』、『東京人』など旅行・紀行雑誌・企業広報紙などを主な対象に執筆活動をしつつ、勝海舟の子孫としての講演や各種プロジェクトに参画。

共著に『勝海舟関係写真集（出版舎 風狂童子）』、『日本全国ユニーク個人美術館（新人物往来社）』、『日本全国ユニーク個人文学館・記念館（新人物往来社）』

高知県観光特使。長崎市観光大使。三重県松阪市ブランド大使。東京都港区観光大使。

神奈川県大和市健康都市大学客員教授。

海舟と横浜

～神奈川県に遺る勝海舟の足跡～

Historic sites of Katsu Kaishu in Kanagawa

二〇二三年十二月三十日　初版第一刷発行
著　者　三澤敏博
発　行　日本橋出版
〒一〇三－〇〇二三
東京都中央区日本橋本町二丁目三番十五号
電話番号　〇三－六二七三－二六三八
URL　https://nihonbashi-pub.co.jp
発　売　星雲社（共同出版社・流通責任出版社）
〒一一二－〇〇〇五
東京都文京区水道一丁目三番三〇号
電話番号　〇三－三八六八－三二七五
デザイン　三澤敏博

ISBN 978-4-434-33229-6　C0021
定価はカバーに表示してあります。
落丁・乱丁本はお手数ですが小社までお送りください。
送料小社負担でお取り替えさせていただきます。